HARVARD BUSINESS ESSENTIALS

CONTRATANDO E MANTENDO AS MELHORES PESSOAS

HARVARD BUSINESS ESSENTIALS

Outros títulos da série:

Gerenciando mudança e transição
Finanças para gerentes (no prelo)
Negociação (no prelo)

HARVARD BUSINESS ESSENTIALS

CONTRATANDO E MANTENDO AS MELHORES PESSOAS

ORGANIZADO PELO PROFESSOR DE MBA
PETER CAPPELLI

Tradução
NIVALDO MONTINGELLI

Revisão técnica
FÁTIMA BAYMA
Professora nos cursos de mestrado, doutorado e MBA da Fundação Getulio Vargas

2ª EDIÇÃO

EDITORA RECORD
RIO DE JANEIRO • SÃO PAULO

2009

CIP-Brasil. Catalogação-na-fonte
Sindicato Nacional dos Editores de Livros, RJ.

C782
2ª ed.

Contratando e mantendo as melhores pessoas / Peter Cappelli (org.); tradução de Nivaldo Montingelli. – 2ª ed. – Rio de Janeiro: Record, 2009.
. – (Harvard Business Essentials)

Tradução de: Hiring and keeping the best people
Apêndice
Inclui bibliografia
ISBN 978-85-01-06688-6

1. Pessoal – Recrutamento. 2. Pessoal – Seleção. 3. Pessoal – Retenção. 4. Motivação no trabalho. 5. Administração de pessoal. I. Cappelli, Peter. II. Título.

03-0963

CDD – 658.311
CDU – 658.3.1108

Published by arrangement with Harvard School Press

Título original norte-americano
HIRING AND KEEPING THE BEST PEOPLE

Capa: Sérgio Campante sobre foto Arquivo Photodisc Collection

Impresso no Brasil

ISBN 978-85-01-06688-6

PEDIDOS PELO REEMBOLSO POSTAL
Caixa Postal 23.052
Rio de Janeiro, RJ – 20922-970

Sumário

Introdução 9

1. O processo de contratação 15

Atraindo as melhores pessoas

Definição dos requisitos do cargo 16

Recrutamento de candidatos promissores 22

Entrevistas 25

Avaliação dos candidatos 38

Tomando a decisão e fazendo a proposta de contratação 42

Não se esqueça do aperfeiçoamento do processo 45

Resumo 46

2. Além dos itens básicos da contratação 49

Detalhes que você precisa conhecer

Recrutamento *online* 50

Quando utilizar um recrutador profissional 57

O caso da entrevista 60

Contratação baseada em interesses pessoais arraigados 62

Contratação para a microcultura 69

Testes psicológicos 72

Resumo 76

3. Mantendo os melhores 79

Estratégias básicas de retenção

Por que a retenção é importante 82

Por que a retenção é tão desafiadora 89

Os desafios especiais de uma força de trabalho diversificada 92

Por que as pessoas permanecem na empresa 99

Por que as pessoas deixam a empresa 101

Duas campeãs de retenção de talentos 105

Gerenciar para a retenção de talentos: uma visão geral 107

Resumo 111

4. A retenção de talentos levando em conta o mercado 113

Competindo na guerra por talentos

Nem todos os funcionários têm valor igual 114

Estratégias de retenção baseadas no mercado 119

Resumo 127

5. Desenvolvendo os talentos que você tem 129

Estratégias de treinamento e desenvolvimento

O dilema do desenvolvimento 131

Treinamento de habilidades 132

Desenvolvimento de carreiras 137

Como gerenciar "funcionários C" 141

Resumo 143

6. Fatores do local de trabalho que afetam a contratação e a retenção de talentos 145

Focalizando a cultura

Avalie sua cultura 147

Esgotamento de funcionários 150
Equilíbrio trabalho-vida pessoal 154
Resumo 166

7. Quando tudo o mais falha 169

Como manter funcionários talentosos, mesmo depois de deixarem a empresa

Mantendo pessoas de valor na sua órbita 171
Contratando ex-funcionários 173
Entrevistas de desligamento 175
Resumo 176

Apêndice A: Amostra de descrição de cargo 177

Apêndice B: Perguntas específicas para entrevistas de contratação 179

Apêndice C: Armadilhas legais em contratações 185

Notas 189

Glossário 195

Leituras recomendadas 197

Sobre o organizador 203

Sobre o escritor 204

Índice 205

Introdução

Este livro explica os pontos essenciais daquilo que gerentes e donos de empresas precisam saber a respeito de contratação e da capacidade de reter bons funcionários. A contratação eficaz e a retenção de pessoal são as duas bases do futuro bem-estar da empresa. Se isso parece um exagero, pense no seguinte: o sucesso da maioria das empresas de hoje depende mais dos ativos humanos do que dos físicos ou financeiros. Prédios, equipamentos, instalações de produção e a maior parte das tecnologias podem ser comprados facilmente, mas o talento humano e o *know-how* necessários para operar nossas indústrias baseadas no conhecimento são muito mais difíceis de se encontrar.

As decisões sobre contratação estão entre as mais importantes tomadas pelos gerentes, e este livro explica a essência do que gerentes e proprietários de empresas precisam saber a respeito deste processo. Sem as pessoas certas nos cargos certos, nem uma empresa nem suas unidades podem apresentar desempenho excepcional. Boas decisões de contratação criam uma base para o desempenho mais eficiente de funcionários, equipes e da empresa como um todo. Por outro lado, decisões de contratação inadequadas prejudicam o desempenho e são muito dispendiosas para serem corrigidas. Bradford Smith, um consultor que ajuda grandes corporações em suas decisões sobre contratações, calculou, a partir do seu estudo de cinqüenta e quatro empresas americanas, que as contratações gerenciais inadequadas custam para a empresa, em média, *vinte e quatro vezes* a remuneração básica individual![1] Como isso é possível? Smith aponta para todas as causas habituais: a contratação da pessoa com uma remuneração incorreta e o custo de manutenção, o custo inicial da contratação, despesas com indenização, os custos associados à contratação e ao treinamento de um substituto, e assim por diante. Mas, segundo Smith, o maior custo é o dos erros, fracassos e das oportunidades de negócios perdidas que resultam de fato de se ter a pessoa errada durante vários anos num cargo de gerência. Assim, pelos seus cálculos, o custo médio total de se contratar um gerente mal escolhido com uma remuneração básica de US$ 114.000 anuais acabará sendo de US$ 2,7 milhões para a empresa, não só em pagamentos tangíveis, mas também nas despesas intangíveis com erros e oportunidades perdidas.

O prejuízo que pessoas mal selecionadas contratadas ou colocadas em cargos errados podem provocar é particularmente acentuado quando elas são gerentes. Gerentes de nível C em geral contratam subordinados de nível C, fixam padrões baixos e acabam provocando um êxodo das pessoas realmente competentes. Quando gerentes excelentes e bons funcionários são contratados, ocorre o oposto. Assim, os responsáveis por contratações têm uma grande obrigação, com sua empresa e consigo mesmos, de tratá-las com a maior atenção e de ter a máxima prudência na identificação e na utilização das melhores pessoas. David Ogilvy resumiu a importância de uma contratação cuidadosa quando escreveu: "Se cada um de nós contratar pessoas menores do que somos, iremos nos tornar uma empresa de anões. Mas se cada um contratar pessoas maiores, iremos nos tornar uma empresa de gigantes".

A retenção é o outro lado da equação dos ativos humanos. Numa economia orientada pelo mercado, você nunca conseguirá manter todos — nem deve tentar fazê-lo. Na verdade, um certo nível de rotatividade de pessoal pode melhorar a saúde de uma organização, incutindo nos quadros nova energia e novas idéias. Mas a rotatividade entre funcionários valiosos é onerosa, causa perturbação e tem uma correlação negativa com a satisfação dos clientes. Como este livro irá mostrar, contratar corretamente é um importante passo inicial para reduzir de uma rotatividade indesejada. Mas há muitas outras coisas que você pode fazer para tornar sua empresa um lugar de onde os bons funcionários não quererão sair, e trataremos delas de modo detalhado.

O que está por vir

Este volume da série *Harvard Business Essentials* dará a você, gerente responsável por decisões sobre contratação, as noções básicas sobre contratação e conservação de bons funcionários.

O Capítulo 1 começa com um processo de cinco etapas para uma contratação eficaz, desde a definição dos requisitos para o cargo até recrutamento, entrevistas e avaliação de candidatos, e a apresentação de propostas.

O Capítulo 2 se aprofunda nas etapas fundamentais do processo de contratação. Usando uma base conceitual de "interesses de vida" embutidos, ele irá ajudá-lo a combinar as pessoas com as funções que elas irão considerar mais satisfatórias e nas quais irão se sobressair. O capítulo também aborda os prós e contras dos assuntos atuais, como o recrutamento *online*, o uso de *headhunters* e empresas de recrutamento e seleção, testes de candidatos e a técnica de entrevista caso.

No Capítulo 3 passaremos da contratação para a área de retenção de funcionários. Utilizando recentes constatações de pesquisas, iremos examinar o motivo da importância da retenção — medida em termos de satisfação dos clientes, custos da rotatividade de pessoal e do desempenho da empresa. Este capítulo explica, em rápidas pinceladas, por que as pessoas permanecem em uma empresa e por que elas se desligam, e apresenta oito medidas práticas que os gerentes podem adotar para melhorar a retenção.

O Capítulo 4 analisa o desafio da retenção do ponto de vista do mercado. Desta perspectiva, alguns funcionários e segmentos de funcionários representam mais valor do que outros para a organização. A perspectiva do mercado sugere que os gerentes devem se preocupar menos com a rotatividade geral de pessoal e concentrar mais sua atenção nos indivíduos e nos segmentos de funcionários que criam mais valor para a organização. Este capítulo explica como várias estratégias baseadas no mercado podem reduzir a rotatividade entre esses indivíduos e segmentos importantes.

O treinamento e o desenvolvimento de carreiras também são mostrados como instrumentos eficazes para a retenção de funcionários de grande valor. O

Capítulo 5 descreve abordagens formais e informais de treinamento de funcionários, aponta suas vantagens e apresenta sugestões para reduzir seus custos por meio do aprendizado *online*. Além do aumento da retenção, muitas das necessidades dos recursos humanos da sua empresa podem ser cultivadas internamente através do desenvolvimento de funcionários — especificamente, treinamento de habilidades e desenvolvimento de carreiras — e este capítulo também tratará deste importante benefício.

O efeito do ambiente no local de trabalho sobre a contratação e a retenção é o assunto do Capítulo 6. Este capítulo explica não só como o clima no local de trabalho pode influenciar a decisão de um candidato de aceitar um emprego e ficar nele, mas também como você pode alterar a cultura da sua empresa para torná-la mais atraente e evitar que os seus funcionários entrem num processo de exaustão psicológica. Também são analisados três princípios para a criação de programas bem-sucedidos de equilíbrio entre trabalho e vida pessoal.

Mesmo que você cuide perfeitamente de todos os aspectos da contratação e da retenção, ainda perderá alguns funcionários valiosos. É um fato da vida em um mercado livre de mão-de-obra. Mas como revela o Capítulo 7, a saída de um bom funcionário não precisa significar o fim de um relacionamento produtivo com essa pessoa. Este capítulo mostra como algumas empresas de serviços profissionais estão utilizando programas de relações para manter ex-funcionários em suas órbitas como clientes, fontes de informações sobre o mercado e, em alguns casos, como futuros "recontratados". Os benefícios das recontratações e do uso de entrevistas de saída para descobrir as verdadeiras causas da rotatividade de pessoal também são examinados neste capítulo final.

Em nossa missão de abordar os "pontos essenciais" da contratação e da retenção, tratamos superficialmente de muitos assuntos, e outros foram deixados totalmente de fora. Assim, para os leitores que quiserem aprender mais, vários recursos úteis foram incluídos no final deste livro: um glossário de termos, uma lista de artigos e livros relevantes e três apêndices. O Apêndice A apresenta uma descrição de cargos que pode ser usada como modelo para desenvolver suas próprias descrições. O Apêndice B inclui um grupo genérico de perguntas que você poderá utilizar quando entrevistar candidatos para praticamente qualquer tipo de cargo. O Apêndice C descreve as "armadilhas legais" que os leitores precisam conhecer e evitar no processo de contratação.

Além disso, você irá encontrar, por todo o livro, convites para visitar o *site* oficial da *Harvard Business Essentials*, www.elearning.hbsp.org/businesstools, para conhecer versões interativas e gratuitas dos instrumentos apresentados nesta obra.

O conteúdo deste livro é baseado numa série de livros, artigos e produções *online* da Harvard Business School Publishing, particularmente os seguintes: o artigo de Peter Cappelli na *Harvard Business Review* sobre retenção orientada para o mercado; vários artigos sobre contratação e retenção publicados em *Harvard Management Update*; e no módulo sobre contratação encontrado no Harvard ManageMentor[R], um serviço *online*.

Embora este livro ofereça instrumentos para melhorar sua habilidade na contratação e retenção de funcionários, as informações apresentadas aqui são de natureza geral e não pretendem ser conselhos jurídicos nem substituir consultas a advogados a respeito de processos de contratação ou o gerenciamento de situações individuais específicas. Tendo em mente esta advertência, vamos tratar do processo de contratação de cinco etapas.

1

O processo de contratação

Atraindo as melhores pessoas

Principais tópicos abordados neste capítulo

- *Definição dos requisitos do cargo*
- *Recrutamento de candidatos promissores*
- *Entrevistas*
- *Avaliação dos candidatos*
- *Tomando a decisão e fazendo a proposta de contratação*

COMO MUITAS OUTRAS atividades empreendidas pelas organizações, a contratação é um processo de negócio — um conjunto de atividades que transforma insumos em resultados. Este processo reúne informações a respeito de requisitos do cargo, as solicitações de vários candidatos e as deliberações dos responsáveis pelas decisões, e produz um resultado: novas pessoas na folha de pagamento. Este capítulo descreve um processo de contratação com cinco etapas. Execute-as bem, e não só a qualidade dos seus contratados irá melhorar, como você também ficará mais seguro de que está contratando as pessoas *certas*.

Definição dos requisitos do cargo

Antes de poder fazer uma boa contratação, você precisa saber para que está contratando. Também precisa definir quais as qualificações e os atributos pessoais que "combinarão" bem com os requisitos do cargo e da organização.

Para definir a função e seus requisitos, você precisa compreender:

- as principais responsabilidades e tarefas envolvidas no cargo;
- as características dos antecedentes necessários à execução do trabalho (educação e experiência);

- as características pessoais exigidas (por exemplo, a pessoa precisa ter grandes habilidades interpessoais? Ser muito inteligente?);
- os aspectos fundamentais da cultura da sua organização (por exemplo, orientação para equipes, graus de conformismo, sistemas de recompensas); e
- seu estilo gerencial (por exemplo, autoritário, coercitivo, democrático) e sua influência numa relação profissional eficaz.

Principais responsabilidades e tarefas

Se você está pensando em contratar para um cargo que já está ocupado, observe o que o atual ocupante está fazendo e avalie a descrição do cargo, caso ela exista. Mas não aceite simplesmente qualquer uma dessas perspectivas como definitiva. Use a oportunidade de contratar para reavaliar as principais responsabilidades e tarefas do cargo. Certifique-se de que pode responder à pergunta: "O que o funcionário tem de fazer neste cargo?"

Educação e experiência

Educação e experiência são as duas características mais decisivas a serem consideradas na avaliação de candidatos. No caso da educação, você poderá querer especificar um determinado tipo de curso ou de nível. Lembre-se de perguntar a si mesmo se uma formação escolar específica é realmente necessária. Você pode ser flexível nessa área ou uma experiência relevante poderá substituir uma determinada formação escolar?

Os requisitos de experiência devem se basear numa análise completa das tarefas e responsabilidades específicas do cargo. Qual é mais desejável:

- Experiência no setor?
- Experiência funcional?

- Experiência em grandes empresas *versus* pequenas?

As experiências no setor funcional são particularmente importantes para cargos orientados para fora e que exigem o conhecimento de produtos e dos concorrentes. No entanto, se um bom candidato não foi exposto a tudo o que é exigido, considere se ele pode aprender o que é necessário e quanto tempo irá levar esse aprendizado. Por exemplo, existem vários testes para medir a destreza da pessoa com dados numéricos, sua orientação espacial, sua capacidade mecânica, e assim por diante. Determine também se a organização dispõe do tempo necessário ao aprendizado no trabalho.

Características pessoais

As características pessoais podem indicar como o candidato irá encarar o cargo e como irá se relacionar com os colegas de trabalho (veja "Crie consenso sobre características pessoais"). Avalie as seguintes características pessoais relativas às tarefas e responsabilidades que você relacionou para a abertura da vaga:

- Capacidade analítica e criativa. A capacidade do candidato nessas duas áreas determina como ele avalia problemas e cria novas abordagens para resolvê-los.
- Estilo decisório. Este estilo é muito individual. Algumas pessoas são extremamente estruturadas, analíticas e se baseiam em fatos; outras confiam mais na intuição. Algumas tomam decisões rapidamente, ao passo que outras refletem a respeito delas durante muito tempo. Algumas dependem de um consenso, enquanto outras se aconselham apenas consigo mesmas. É fundamental determinar se um estilo específico é exigido para o sucesso no cargo e, neste caso, qual é ele.
- Habilidades interpessoais. Como as habilidades interpessoais e o comportamento estão intimamente ligados, o conhecimento das habilidades

interpessoais de um candidato é uma parte importante do processo de contratação. Para determinar quais as habilidades mais adequadas para um determinado cargo, pense a respeito do conjunto de tarefas que serão executadas nesse cargo. Que traços irão se traduzir em bom desempenho, especialmente em vista dos superiores, colegas e subordinados diretos com quem a pessoa irá interagir? Por exemplo, o ideal para um *controller* é ser paciente e formal, demonstrando um comportamento atento, cauteloso e orientado para detalhes. Para um gerente de vendas, uma grande extroversão e pouca formalidade podem ser desejáveis.

- **Motivação.** As metas pessoais do candidato, seus interesses, seu nível de energia e sua progressão funcional quase sempre demonstram seu nível de motivação. Então, pergunte a si mesmo: "Este cargo combina com as aspirações pessoais do candidato? Ele irá fazer seu trabalho com entusiasmo e energia?"

Desenvolva uma descrição do cargo

Depois de conhecidos os requisitos do cargo, você está pronto para criar sua descrição. Uma descrição de cargo é um perfil, com suas funções essenciais, as relações de subordinação, os horários e as credenciais exigidas. Esta descrição permitirá que você explique o cargo tanto aos possíveis candidatos quanto aos recrutadores que você pode estar usando para ajudar na identificação de candidatos. Em alguns casos, sua organização pode ter uma descrição-padrão de cargo para ser usada como modelo.

Uma descrição de cargo redigida com clareza e orientada para resultados pode moldar o início do relacionamento do funcionário e ajudar todos a compreender a missão, a cultura, as necessidades e as metas da empresa. Ela também pode formar a base de uma rescisão legal do contrato de trabalho, caso esta venha a ser necessária. A descrição de cargo deve incluir o seguinte:

- título do cargo, a unidade de negócios e o nome da organização
- responsabilidades e tarefas do cargo
- gerente responsável pela contratação e gerente a quem o ocupante do cargo irá se reportar
- resumo das tarefas, responsabilidades e objetivos do cargo
- remuneração, horário de trabalho e local
- características exigidas quanto a formação, escolaridade e experiência passada
- características pessoais exigidas

Muitos desses itens terão de ser esclarecidos com o departamento de recursos humanos.

Crie consenso sobre características pessoais

Muitas decisões de contratação começam de maneira errada porque a empresa não esclareceu exatamente o que deseja do novo contratado. Por exemplo, as pessoas com quem o novo funcionário irá interagir (ou que podem influenciar a decisão de contratar) podem ter idéias próprias a respeito do candidato perfeito para o cargo.

Considere o caso hipotético de uma empresa que deseja preencher um cargo de projetista de produtos, mas não chegou a um consenso a respeito dos principais fatores de contratação. O diretor de projetos quer uma pessoa experiente, que tenha adquirido muita experiência trabalhando para um dos maiores concorrentes da empresa. O diretor financeiro prefere um recém-formado brilhante (e mais barato). O diretor de marketing está pressionando por alguém com experiência em marketing nas linhas de produtos atualmente oferecidos pela empresa. Ao mesmo tempo, o superior imediato do novo funcionário está procurando alguém com "habilidade para lidar com pessoas".

Pobre do candidato que entra nesta situação! Para evitar este tipo de confusão, tente este procedimento:

- Peça a todos que irão interagir com o novo funcionário que escrevam *exatamente* o que considerariam ser os atributos do candidato ideal.
- Discuta abertamente as diferenças entre as várias listas de desejos.
- Decida *em conjunto* quais os requisitos que têm prioridade.
- Crie uma nova lista de requisitos com os quais todos concordam.
- Atenha-se a essa lista quando avaliar os candidatos.

A elaboração da descrição do cargo pode ser uma oportunidade para redefini-lo, em vez de simplesmente preencher aquele que você já tem. Por exemplo, o último ocupante do cargo pode ter tido um forte foco estratégico, mas se você decidir que agora é necessário um gerente mais voltado para "pôr a mão na massa", refaça a descrição do cargo de acordo com isso. Enquanto você se dedica ao exercício de descrever o cargo, observe o seguinte:

- Faça uma distinção entre conhecimento, qualificações e habilidades. Alguns cargos exigem formação superior em nível de pós-graduação. Alguns exigem qualificações especiais, como saber programar em Java. Outros requerem habilidades físicas, como coordenação mãos-olhos, ou mentais, como a capacidade de trabalhar com números. Defina aquilo de que necessita em cada área.
- Leve o tempo que for preciso para fazê-la corretamente. Sim, você precisa daquele novo funcionário para a semana que vem, mas o custo de se livrar

de um funcionário errado supera o custo do tempo gasto para encontrar o certo.

- Certifique-se de estar de acordo com todas as restrições legais do seu país. Nos EUA, os requisitos declarados para o cargo devem estar claramente relacionados à execução do trabalho e não podem impedir a contratação de minorias raciais, mulheres, pessoas fisicamente limitadas ou outras "classes protegidas".[1]

Veja no Apêndice A um exemplo de descrição de cargo.

Recrutamento de candidatos promissores

O acesso a candidatos qualificados é decisivo para o sucesso do seu esforço de contratação (veja "Dicas para encontrar a pessoa certa"). Isso significa criar uma reserva de candidatos qualificados. Você poderá conseguir isso espalhando a notícia da vaga pelo maior número possível de canais. Porém, a palavra "qualificado" é importante. Uma grande reserva de candidatos medíocres vale muito menos que uma pequena reserva de candidatos *qualificados.* A utilização de canais específicos e relevantes para divulgar a existência da vaga pode ajudar a garantir que a proporção de candidatos qualificados seja a mais alta possível.

Entre os canais específicos estão agências de recrutamento, anúncios em jornais, recomendações de colegas, publicações dirigidas, associações profissionais, *networking*, recrutamento em *campus* e a Internet. Além disso, você poderá aumentar o fluxo de candidatos qualificados por meio de programas como estágios e parcerias com universidades e organizações comunitárias.

As recomendações pessoais de funcionários constituem outro bom método para ampliar a reserva de candidatos, e muitas empresas estimulam isto por meio do pagamento de "prêmios" aos funcionários cujas recomendações acabam em contratação. Em geral, esta prática custa muito menos que as outras e costuma resultar em contratações mais satisfatórias, porque é improvável que os funcionários existentes recomendem um candidato não qualificado ou com probabilidade de ser um mau funcionário.

Seleção de currículos

Um número considerável de candidatos garante que você terá opções no processo de contratação; também significa que você terá um trabalho maior de seleção para encontrar a melhor opção. E ele começa com a seleção de currículos (veja "Dicas para selecionar currículos".

Dicas para encontrar a pessoa certa

- Analise os funcionários já existentes.
- Olhe para fora da sua organização para trazer novas perspectivas, novas qualificações e experiências.
- Saiba que tipo de pessoa você está procurando, a fim de localizar as mais adequadas.
- Lembre-se de que o desempenho passado da pessoa no trabalho é o melhor guia para o desempenho futuro.
- Lembre-se de que a formação escolar correta + a experiência correta + uma personalidade compatível = um funcionário adequado.
- Cuidado com a armadilha do "exatamente como eu". Ela pode estimular os gerentes a favorecerem candidatos com a mesma formação escolar que eles, a mesma idade, do mesmo sexo ou raça e que gostam dos mesmos passatempos. Para evitar a armadilha, concentre-se nos requisitos objetivos do cargo e nas qualificações do candidato.

A carta de apresentação e o currículo são o primeiro contato do candidato com você. Para merecer sua atenção, eles devem transmitir as qualidades que você está procurando. Quando tiver de ler um grande número de currículos, use um processo de duas etapas para facilitar sua tarefa. Na primeira, elimine os currículos dos candidatos que não satisfazem os requisitos básicos do cargo. Na segunda, procure currículos que incluam:

- sinais de realização e resultados — por exemplo, orientação para o lucro, estabilidade ou um momento de promoção na carreira;
- uma meta de carreira coerente com o cargo que está sendo oferecido (fique atento a este respeito, já que os candidatos muitas vezes são instruídos para adaptar suas metas de carreira àquelas dos cargos pretendidos); e
- elaboração e aspecto geral atraentes.

Nesta etapa, considere também as diferenças mais sutis entre candidatos qualificados — por exemplo, anos de experiência e sua qualidade, formação técnica *versus* gerencial, a qualidade das empresas para as quais eles trabalharam antes, e assim por diante. A seguir, elabore uma lista dos candidatos mais fortes.

Quando reexaminar os currículos, fique alerta para sinais vermelhos que podem indicar pontos fracos como:

- descrição extensa da formação escolar (possivelmente pouca experiência profissional);
- intervalos entre empregos (o que fazia o candidato durante esses períodos?);
- um padrão de empregos por períodos curtos, principalmente quando o candidato já está no mercado de trabalho há alguns anos;
- nenhuma progressão lógica na carreira;
- excesso de informações pessoais (possivelmente pouca experiência profissional); e

- descrições somente de cargos e funções, sem nenhuma descrição dos resultados ou das realizações.

Entrevistas

Uma entrevista de contratação tem uma finalidade principal: dar ao entrevistador e ao candidato ao cargo uma oportunidade para que obtenham as informações de que necessitam para tomar a melhor decisão possível. Como o tempo gasto com cada candidato é limitado, uma abordagem bem organizada ajuda a aproveitar o máximo possível esse tempo, gerando mais e melhores informações.

Quando estiver selecionando alguém para um cargo importante, você provavelmente irá passar pelo menos por dois dos estágios abaixo para cada vaga. Em alguns casos, poderá até passar pelos três.

1. **Entrevista de seleção por telefone.** Ela pode ser feita por você, por uma agência de recrutamento, por seu departamento de RH ou por alguém do seu próprio departamento. Sua finalidade é confirmar que o candidato possui as qualificações pedidas no anúncio ou outro meio de recrutamento, e sua duração pode ser bem curta. É uma boa oportunidade para obter algumas impressões iniciais do candidato: ele telefona de volta no horário combinado? Ele se comunica bem?

2. **Entrevista pessoal inicial.** Procure reduzir o número de candidatos para um total de quatro a sete antes de fazer uma entrevista inicial. Ela provavelmente irá durar de 30 a 60 minutos. Para cargos menos importantes, você poderá descobrir tudo de que necessita a respeito do candidato nesta entrevista. Caso contrário, precisará ver a pessoa novamente.

3. **Segunda entrevista.** Seja muito seletivo a respeito de quem merece uma segunda entrevista. A esta altura, outras pessoas interessadas no processo poderão participar; por exemplo, os superiores diretos, os possíveis colegas

ou outros gerentes. Muitas vezes esta entrevista revela mais sobre a "verdadeira" pessoa.

Dicas para selecionar currículos

- Gaste o mínimo possível de tempo eliminando os candidatos menos prováveis e mais tempo analisando com atenção os mais prováveis.
- Separe o supérfluo do essencial. Vá direto às realizações do candidato.
- Evite comparar candidatos entre si. Em vez disso, compare cada candidato com o perfil de pessoa de alto desempenho e busque as semelhanças.
- Caso você tenha recebido muitos currículos pela Internet, pense na possibilidade de usar o *software* de filtragem de currículos para identificar automaticamente os candidatos adequados (mais sobre isto no Capítulo 2).

Entrevistas estruturadas *versus* não estruturadas

Numa entrevista estruturada, você faz a todos os candidatos as mesmas perguntas para poder comparar as respostas. As entrevistas estruturadas são usadas visando à imparcialidade e à objetividade, mas podem não extrair muitas informações dos candidatos. As entrevistas não estruturadas são conversas individuais que não abrangem necessariamente as mesmas perguntas com cada candidato. Em vez disso, elas seguem linhas de questionamento que parecem promissoras. Você poderá aprender mais sobre os candidatos, mas será mais difícil comparar suas respostas. E você poderá perder informações importantes de que necessita para tomar uma decisão.

Provavelmente será uma boa idéia optar por um caminho intermediário entre essas duas abordagens — isto é, ser flexível no tipo de questionamento, mas certificando-se de que todos os entrevistados respondam a um conjunto básico de perguntas. Preparando antecipadamente essas perguntas, você poderá garantir, a si mesmo e à equipe que toma a decisão, que todos os pontos fundamentais foram abordados e que todos os candidatos responderam a eles. O elemento não estruturado da entrevista abre a porta para áreas produtivas de questionamento, que talvez nem você nem seus colegas tenham previsto.

Esteja preparado

Você iria a uma reunião com um fornecedor para discutir a compra de um pacote de *softwares* de US$ 500.000 a US$ 1 milhão sem estar preparado? Espero que não. Você pensaria muito a respeito do que esperava que o *software* fizesse e das características de que necessitava. Você provavelmente iria preparar uma lista de questões importantes para discutir. É provável que para suas decisões de contratação de pessoal você esteja fazendo algo semelhante. Assim, você vai para uma entrevista com anotações e preparação prévias, ou simplesmente vai sem nada?

Se dedicar tempo à preparação, você irá obter mais informações de que precisa para tomar uma boa decisão. Para se preparar para uma entrevista de contratação, revise a descrição de cargo e faça uma lista das principais responsabilidades e tarefas desse cargo, do treinamento e da experiência necessários e dos atributos pessoais exigidos para a boa execução do trabalho. Prepare antecipadamente várias perguntas sobre cada uma das áreas que precisa examinar com o candidato. A Figura 1.1, Formulário de preparação da entrevista, é uma maneira prática para você se organizar e lhe dá algo para levar para a entrevista. (Para conhecer uma versão interativa, em inglês, deste instrumento, por favor, acesse www.elearning.hbsp.org/businesstools.) Em nome da coerência, outros entrevistadores devem usar o mesmo formulário, mas fazer suas próprias perguntas.

A entrevista tem três fases: o início, o corpo e o encerramento. Vamos analisar cada uma em detalhe.

FIGURA 1.1
Formulário de preparação da entrevista

Título do cargo:	
Principais responsabilidades e tarefas	Treinamento e/ou experiência associados
1.	1.
2.	2.
3.	3.
4.	4.
Atributos pessoais a buscar:	

Principais áreas a examinar	Perguntas a fazer	Observações
Formação escolar	1.	
	2.	
	3.	
Experiência anterior	1.	
	2.	
	3.	
Realizações no trabalho	1.	
	2.	
	3.	
Qualificações e conhecimento	1.	
	2.	
	3.	
Atributos pessoais	1.	
	2.	
	3.	
Avaliação ou classificação anterior	1.	
	2.	
	3.	

Fonte: HMM Hiring.

O início

De modo geral, ele deve durar cerca de 10% do tempo reservado. Nesta fase, sua meta é fazer com que o candidato sinta-se suficientemente à vontade para falar. Há várias coisas que você pode fazer para criar esta sensação de conforto. Chegue no horário. Mostre-se amigável. Apresente-se e diga ao candidato alguma coisa a seu próprio respeito. Explique a estrutura da entrevista:

- "Vou fazer-lhe perguntas a respeito da sua experiência."
- "Estou interessado em saber a seu respeito como pessoa."
- "Estamos interessados em descobrir se há uma boa adequação entre seus interesses e suas habilidades e as necessidades da nossa empresa."
- "Eu lhe darei informações a respeito da nossa organização."
- Terei prazer em responder às suas perguntas no final da entrevista."

Você também deverá usar esta fase da entrevista para criar um clima de harmonia com o candidato. Reconheça algumas das dificuldades e dos embaraços de ser entrevistado, como reunir-se com muitas pessoas desconhecidas ou estar cansado no fim do dia. Um pouco de humor em geral é eficaz para dissipar a tensão que interfere na comunicação. Encontre no currículo informações que o ajudem a criar harmonia, ou cumprimente a pessoa por algum detalhe da sua experiência. Reconheça que vocês têm algo em comum, como o fato de terem vivido na mesma cidade, amigos comuns ou os mesmos interesses fora do trabalho.

O corpo

Planeje dedicar 80% do tempo reservado a esta fase. Use-o para colher as informações de que irá necessitar para avaliar o candidato e "vender" sua organização. Durante o corpo da entrevista, você precisa avaliar as qualificações do candidato, suas aptidões, seus conhecimentos, sua experiência, e compará-los com a descrição do cargo que você criou. Siga uma linha direta de questionamento baseada no currículo. Identifique similaridades e padrões de comportamento coerentes com seu perfil ideal. Peça exemplos de trabalhos e referências para conferir após a entrevista. Os exemplos, se não forem confidenciais ou de propriedade de uma organização, poderão incluir prospectos de vendas, produtos, pesquisas junto a clientes ou cursos de treinamento concebidos pelo candidato. Eles poderão revelar muito a respeito da competência do candidato. Às vezes é difícil fazer com que o candidato seja específico a respeito das realizações listadas em seu currículo. Mas não permita que dificuldades se interponham entre você e as informações exigidas. Lembre-se, um erro numa decisão de contratação pode custar caro e ser difícil de desfazer, e extremamente oneroso se a pessoa estiver se candidatando a um cargo fundamental na tomada de decisões. Assim, peça detalhes de forma direta e busque medidas tangíveis de sucesso. A Tabela 1.1 apresenta alguns exemplos de afirmações típicas feitas em currículos e mostra como você poderá responder para obter mais detalhes.

TABELA 1.1
Respostas a afirmações típicas em currículos

Afirmação no currículo	Possível resposta
Gerenciei com sucesso o desenvolvimento de uma nova linha de utensílios de cozinha.	Como era medido o sucesso: por receitas, *time-to-market* (tempo da concepção até efetivo lançamento no mercado), ou outras medidas? Qual era especificamente seu papel no esforço de desenvolvimento?
Trabalhei efetivamente em conjunto com marketing e vendas para aumentar as vendas anuais de unidades em 25 % com relação aos doze meses anteriores.	Qual foi a natureza da sua contribuição? Como foram aumentadas as vendas de unidades: por um método de vendas mais eficaz ou por cortes nos preços?
Iniciei a reformulação de processos importantes no departamento.	Que processos? O que você quer dizer com "iniciei"? Por que decidiu fazer isso? Por que essa iniciativa era importante?

Durante esta fase você também estará avaliando as qualidades pessoais do candidato, como liderança, capacidade de resolver problemas e de comunicação, qualificações para trabalho em equipe e motivação. Use perguntas baseadas em cenários para verificar como as pessoas tendem a lidar com as situações, tais como:

- **Para um candidato a gerente de processos:** "Suponha que o departamento de processamento de empréstimos que você estaria gerenciando neste cargo estivesse demorando dois dias a mais que os concorrentes para tomar suas decisões e notificar os clientes. Como você abordaria este tipo de problema?"
- **Para um candidato a gerente de vendas:** "Suponhamos que uma das pessoas na sua área de atuação fosse estimada pelos clientes e pelo pessoal da empresa e tivesse grande potencial, mas não estivesse se esforçando depois de dois anos no cargo. Como você lidaria com uma situação como essa?

As respostas a perguntas sobre cenários como essas darão a você uma idéia a respeito do modo como o candidato aborda problemas.

Pergunte também ao candidato a respeito da maneira como lidou com situações anteriores semelhantes àquelas que ele provavelmente enfrentaria como um dos seus funcionários: "Fale-me a respeito de uma vez em que você precisou [demitir um funcionário/lidar com um cliente que deixou de comprar de você/comandar uma equipe de aperfeiçoamento de processos/etc.]." Mas fique alerta, porque algumas pessoas elaboraram respostas padronizadas para várias das perguntas mais prováveis baseadas em cenários.

Manter o controle da entrevista é muito importante (veja "Dicas para conduzir a entrevista" e "Estudo de caso: um entrevistador que não faz prisioneiros"). O segredo para manter o controle é fazer a maioria das perguntas e ouvir a maior parte do tempo. Você deve ouvir durante 80% do tempo. Também pode manter o controle seguindo uma linha lógica de indagação. Caso o candidato se desvie desta linha, faça-o voltar a ela.

Não deixe de fazer anotações durante a entrevista. Elas irão ajudá-lo a recordar fatos importantes a respeito do candidato. Mas seja discreto e diga antes ao candidato que irá fazer anotações. Lembre-se de que suas anotações de entrevistas irão fazer parte do arquivo do funcionário. Evite fazer qualquer anotação que possa ser considerada incompatível com as leis de igualdade de oportunidades de emprego vigentes em seu país.

O encerramento

Reserve 10% do tempo de entrevista previsto para encerrar as coisas. Esta é sua oportunidade para:

- Agradecer ao candidato por ter comparecido.
- Explicar como e quando ele irá saber a respeito de entrevistas subseqüentes ou decisões, dependendo da política da empresa e do seu interesse por ele.
- Perguntar se tem dúvidas, principalmente aquelas que poderão afetar sua decisão de participar da próxima etapa do processo. Caso você tenha atingido o limite de tempo, diga à pessoa para telefonar mais tarde, a fim de fazer perguntas adicionais.
- Perguntar se há qualquer coisa que não tenha sido abordada ou não esteja clara.
- Promover sua empresa. Lembre-se de citar as características que possam ser mais atraentes para o candidato.
- Apertar a mão do candidato e olhe-o nos olhos.
- Acompanhar a pessoa até a porta ou até o setor para onde ela irá em seguida.

Estudo de caso: um entrevistador que não faz prisioneiros

Brad Smart é um psicólogo industrial especializado em entrevistas de "estrutura cronológica em profundidade", ou CIDS (de *Chronological In-Depth Structure*), e em *topgrading*, termo que usa para descrever um rigoroso e prolongado processo de classificação de executivos aplicado tanto a gerentes em exercício quanto a candidatos a empregos. Como descreveu em entrevista à revista *Fortune*, a meta de Smart é identificar os elementos "classe A", que ele define como indivíduos que representam os melhores em suas categorias de trabalho.[a] Para ele, esses são os 10% melhores entre os talentos disponíveis em determinadas categorias.

A metodologia de entrevista de Smart é mais intensa que aquela habitualmente considerada uma boa prática. Por exemplo, ele faz a cada candidato potencial centenas de perguntas a respeito da sua vida e sua carreira, voltando aos tempos de escola da pessoa. Pergunta a respeito de cada emprego e cada chefe que o candidato teve. E para garantir que as respostas que obtém são verdadeiras, Smart avisa *antecipadamente* que irá falar com cada um dos chefes que a pessoa teve nos últimos dez anos, e também com muitos dos seus antigos subordinados diretos. Assim, quando ele pergunta "O que seus antigos chefes descreveriam como seus pontos fortes, seus pontos fracos e seu desempenho geral?", os candidatos sabem que têm de ser absolutamente honestos.

Smart foi motivado a desenvolver seu método detalhado por uma experiência que teve ao observar entrevistas tradicionais. Como ele explicou à *Fortune*:

> *Tive uma revelação há 28 anos, quando trabalhava para uma firma de consultoria sobre administração de recursos humanos. Um dia meu chefe pediu que eu participasse de uma entrevista para selecionar um candidato para um cliente em busca de um vice-presidente de marketing. Notei que a entrevista consistia em uma hora e meia de perguntas ge-*

néricas, nenhuma das quais pesquisava os padrões de como aquela pessoa havia desenvolvido aptidões durante sua carreira. Coisas como: "Fale a seu respeito" e "Como você lidaria com isto?". Imediatamente vi falhas no processo. Seis executivos do cliente tinham opiniões diferentes a respeito da natureza do cargo. Na verdade, eles não o haviam analisado. Percebi que a maioria das empresas faz suas contratações desta maneira. De modo que decidi atacar o problema.[b]

Smart calcula que quase 50% de todos os cargos de nível gerencial ocupados por pessoas contratadas por meio desses métodos assistemáticos e indisciplinados acabam sendo reconhecidos como "contratações erradas".

[a] Hank Gilman e Lori Ioannou, "The smart way to hire superstars", *Fortune*, 10 de julho de 2000, edição *online*, www.fortune.com.
[b] Idem.

Neste estágio, alguns candidatos farão perguntas a respeito de salários ou benefícios. Em algumas organizações, o departamento de recursos humanos trata dessas questões. Outras permitem que o entrevistador revele o salário ou a faixa salarial.

Depois que o candidato sair, faça imediatamente anotações ou observações adicionais, enquanto ainda estiverem frescas na sua mente.

Fazendo perguntas

Já demos exemplos de algumas perguntas típicas em entrevistas. As perguntas feitas ao candidato são, ao mesmo tempo, um meio de controlar a entrevista e de obter as informações de que você necessita para efetivamente avaliar o possível funcionário. Porém, é importante lembrar que existem boas perguntas, perguntas despropositadas e perguntas decididamente ruins. Uma boa pergunta tem uma finalidade, está ligada aos seus critérios de tomada de decisões, estimula a comunicação, está relacionada ao cargo e não é ameaçadora. As boas perguntas se refletem favoravelmente sobre você e demonstram seu interesse e seu preparo. Entre elas estão:

- Perguntas para auto-avaliação que exigem que o candidato dê alguma atenção às suas habilidades interpessoais. Elas permitem que ele, e não você, interprete os fatos. (Por exemplo: "Por que você acha que foi selecionado para liderar a força-tarefa?")
- Perguntas ligadas a realizações, que peçam evidências das qualidades demonstradas do candidato. Elas irão ajudá-lo a entender por que e como uma coisa foi realizada e revelam o nível de envolvimento do candidato em realizações passadas. (Por exemplo: "Conte-me a respeito da sua contribuição para aquele esforço em equipe.")
- Perguntas abrangentes que façam o candidato pensar a respeito de um assunto importante, escolher uma resposta e organizar seus pensamentos. (Por exemplo: "Conte-me a respeito da sua experiência como gerente de projetos com o grupo de fibras ópticas.")
- Perguntas comparativas que revelem a capacidade analítica e de raciocínio do candidato. (Por exemplo: "Como você compararia o trabalho com o grupo de fibras ópticas com o trabalho com o grupo de polímeros?")

Entre as perguntas erradas estão:

- Perguntas que dirigem o candidato para a resposta desejada por você. (Por exemplo: "Você diria que tem a motivação exigida para este cargo?" Você esperaria ouvir um "não"?)
- Perguntas irrelevantes que desperdiçam o tempo de todos. (Por exemplo: "Vejo que você se formou na Universidade de Minnesota. Minha filha pretende estudar lá. Quais são os melhores programas?")

O Apêndice B inclui sugestões de perguntas para entrevistas, organizadas em torno de questões fundamentais como o mais recente emprego do candidato, sua experiência profissional e suas qualificações.

Perguntas a serem evitadas

As leis e os regulamentos dos Estados Unidos são claros a respeito das perguntas que são ilegais. Entre as perguntas proibidas nos Estados Unidos estão as seguintes:

Qual é sua idade?

Você é casado(a)?

Você é cidadã(o) americana(o)?

Qual é sua orientação sexual?

Quanto você pesa?

Você é deficiente físico?

Quando você se formou no segundo grau?

Você tem filhos?

De que país você é?

Onde você nasceu?

Você já foi preso?

Sua religião proíbe o trabalho nos fins de semana?

Para uma exposição mais completa sobre perguntas legais e ilegais em entrevistas, veja o Apêndice C, "Armadilhas legais na contratação," no final deste livro.

Dicas para a condução da entrevista

- Controle a situação. O espetáculo é seu.
- Não dê tanta importância às primeiras impressões. A maioria das pessoas formam uma opinião a respeito de um candidato nos primeiros dez minutos. Isto pode ser um grande erro. Você poderá deixar de ver a verdadeira pessoa.
- Ajude o entrevistado a sentir-se à vontade. Ele ficará mais relaxado e falará mais livremente.
- Passe mais tempo ouvindo do que falando. Os entrevistadores — erradamente — falam durante metade do tempo. Deixe que o candidato fale durante 80%. A pessoa que faz as perguntas e ouve é quem controla a entrevista.
- Tenha um objetivo para cada pergunta, do contrário, você estará desperdiçando um tempo valioso — e se for um candidato promissor, ele ficará com uma impressão desfavorável a seu respeito e sobre sua organização.
- Faça anotações. Deixe o candidato à vontade avisando antecipadamente que irá fazê-las.
- Não faça suposições. Procure padrões repetitivos de comportamento para tirar conclusões a respeito do candidato.
- Não telegrafe a resposta certa ao candidato. O autor William Swan não aconselha declarações como esta: "É fundamental que o ocupante deste cargo seja capaz de trabalhar numa pequena equipe de projetos.... Fale-me a respeito da sua experiência e do seu interesse por isto".[a] Depois desta pergunta, seu candidato saberá exatamente o que você quer ouvir.

[a] William S. Swan, *Swan's how to pick the right people program* (Nova York: John Wiley & Sons, Inc., 1989), 18.

- Seja sistemático. Caso esteja entrevistando vários candidatos, lembre-se de perguntar a cada um sobre o mesmo conjunto de questões: por exemplo, seus antecedentes, o que poderão trazer para o cargo, seus objetivos de carreira a longo prazo, e assim por diante. As respostas deles a este conjunto de perguntas permitirão que você tenha melhores a condições de compará-los.

Avaliação dos candidatos

Depois de entrevistar todos os candidatos, você e os outros envolvidos na decisão de contratação deverão fazer uma avaliação objetiva de cada um. Um modelo de tomada de decisões, como a apresentada na Figura 1.2, pode ser uma ferramenta útil para comparar os candidatos entre si (para conhecer uma versão, interativa, em inglês, desta ferramenta, visite *www.elearning.hbsp.org/businesstools*).

Complete este formulário depois de entrevistar cada candidato a um determinado cargo, atribuindo uma nota para cada uma das áreas fundamentais. Somando as pontuações e revendo suas anotações das entrevistas, você irá reduzir a probabilidade de fazer avaliações não objetivas.

Erros comuns de avaliação

Embora você possa adotar uma abordagem estruturada e metódica para avaliar seus candidatos, ainda assim o processo de avaliação acaba sendo subjetivo. Você pode neutralizar parte dessa subjetividade evitando:

- impressionar-se excessivamente com maturidade ou experiência, ou impressionando-se de menos com juventude e imaturidade;
- confundir um comportamento tranqüilo, calmo ou reservado com falta de motivação;

FIGURA 1.2

Matriz de tomada de decisões

Título do cargo:

Nome do candidato	Notas em áreas fundamentais de 1 (fraco) a 5 (excelente)						
	Educação	Experiência prévia	Realizações Profissionais	Qualificações e Conhecimento	Atributos Pessoais	Avaliações ou Classificações Anteriores.	TOTAL
	Nota:						
	Nota:						
	Nota:						
	Nota:						
	Nota:						
	Nota:						
	Nota:						
	Nota:						
	Nota:						

Fonte: HMM Hiring.

- confundir a capacidade da pessoa para jogar "o jogo da entrevista", ou sua facilidade para conversar, com inteligência ou competência;
- permitir que tendências pessoais influenciem sua avaliação (por exemplo, você pode ser tentado a julgar uma pessoa com severidade porque ela lembra alguém de quem você não gosta);
- procurar um amigo ou seu próprio reflexo no candidato;
- supor que as pessoas formadas em determinadas instituições ou os funcionários de certas organizações são automaticamente mais qualificados;
- atribuir peso excessivo à familiaridade com o jargão do seu negócio;
- focalizar somente um ou dois pontos fortes e ignorar a ausência de outros; e
- deixar de dar valor à motivação para ir em frente.

Verificação de referências

As verificações de referências apuram as afirmações feitas pelo candidato durante o processo de entrevista e preenchem as lacunas nas informações. Também podem fornecer valiosas perspectivas externas sobre o candidato e seu potencial para se adaptar ao cargo. Verifique as referências quando estiver quase no fim do processo de recrutamento e perto de tomar uma decisão. Mas não se esqueça de obter antes a permissão dos candidatos para evitar comprometê-los no atual emprego — por exemplo, a empresa na qual o candidato trabalha atualmente pode ignorar que ele está procurando emprego em outro lugar.

Na verificação de referências você tem dois objetivos. O primeiro é confirmar o que o candidato lhe contou a respeito da sua experiência profissional: onde, trabalhou, por quanto tempo, seu último cargo e atribuições específicas. O segundo objetivo é conhecer os sucessos e fracassos do candidato, seus hábitos de trabalho, seus pontos fortes e fracos, e assim por diante.

A verificação de referências tem importância decisiva, porque ajuda a garantir à empresa contratante que o candidato apresentou fielmente seu cargo, sua experiência profissional e suas realizações. Os comentários de uma fonte de referência também podem fornecer outra indicação sobre a personalidade do candidato. Infelizmente, em especial nos Estados Unidos, muitas empresas evitam falar muito a respeito de um funcionário atual ou antigo, temendo ser processadas por difamação ou calúnia caso ele deixe de conseguir um emprego devido a algo dito por elas. Assim, obter comentários diretos de algumas fontes de referência pode ser difícil.

Eis algumas sugestões para verificar referências:

- Use o telefone para as verificações. Como nada é por escrito, a pessoa que poderia temer ser processada por dizer alguma coisa negativa a respeito do candidato terá maior probabilidade de lhe dar uma resposta franca. Não verifique referências por carta; provavelmente você não irá obter muitas informações.
- Dedique algum tempo a estabelecer uma relação cordial com a fonte de referências; isso irá deixá-la mais à vontade para lhe dar informações.
- Descreva resumidamente o cargo pretendido pelo candidato e pergunte se este um é lugar adequado para ele.
- Pergunte a respeito do estilo do candidato, do seu caráter, dos seus pontos fortes e fracos.
- Evite perguntas vagas como: "Jack fez um bom trabalho gerenciando seu departamento?" Em vez disso, faça perguntas mais específicas, como: "Em que Jack era melhor?"; "Do que os subordinados mais gostavam nele?"; "Do que menos gostavam?; "Existem cargos que seriam inadequados para Jack?"; "Que tipo de ambiente de uma empresa seria mais adequado para Jack?"
- Deixe que uma fonte de referência conduza a outra. Se uma lhe der uma informação, pergunte: "Você conhece alguém que possa me falar a respeito da

experiência de Jack nesta área?" Quanto maior o número de pessoas com quem você falar, mais nítido será o quadro obtido.

Muitas pessoas consideram a verificação de referências uma tarefa desagradável e lhe dão pouca atenção. A verificação de referências "é tão apetitosa quanto comer olhos de peixes," disse Pierre Mornell.[2] Mas a vantagem é tão grande que você precisa fazer esse esforço e ser persistente na tarefa de descobrir as informações — mesmo que as pessoas não se mostrem dispostas a fornecê-las. Em seu livro *Hiring smart!*, Mornell oferece esta sugestão para a verificação de referências:

> *Peça referências às pessoas no horário de almoço — você falará com um assistente ou com a secretária eletrônica. No caso desta última, deixe uma mensagem simples. Se for o assistente, certifique-se de que ele compreende a última frase da sua mensagem. Você dirá: "John (ou Jane) está se candidatando a (o cargo) em nossa empresa. Seu nome foi dado como referência. Por favor, ligue de volta caso o candidato seja adequado."*[3]

Segundo Mornell, os resultados são imediatos e reveladores. Se o candidato for adequado ou excelente, garanto que oito em cada dez pessoas responderão rapidamente e estarão dispostas a ajudar. Por outro lado, se pouquíssimas pessoas — ou nenhuma — ligarem de volta, seu silêncio dirá muito a respeito do candidato, sem a necessidade de declarações depreciativas.

Tomando a decisão e fazendo a proposta de contratação

Currículos, entrevistas e verificações de referências ajudam no processo de tomada de decisões. A certa altura, você deve se perguntar: "Será que dispomos de informações suficientes para tomar uma boa decisão?" Caso a resposta seja "sim", está na hora de ir em frente e tomar a decisão de contratação. Escolha os três melhores candidatos e faça esta pergunta a respeito de cada um: "Queremos que esta pessoa trabalhe para nós?" Lembre-se de que a meta do processo de contratação não é simplesmente escolher o "mais qualificado" dos candidatos, mas sim contratar uma pessoa que possa ajudar a organização a cumprir seus objetivos (veja "Evite estes dois erros de contratação").

Depois que tiver respondido afirmativamente às duas perguntas, faça uma proposta ao candidato mais capaz e com maior probabilidade de ajudar sua empresa a atingir suas metas. Se não tiver informações suficientes para tomar uma boa decisão, defina exatamente de que informações adicionais você e seus colegas necessitam, como irão obtê-las e que incertezas você pode esperar reduzir. Para tirar dúvidas importantes, talvez você precise chamar novamente um candidato para outra entrevista ou fazer mais verificações de referências.

A proposta de emprego

Tenha certeza de que você conhece a política da sua empresa a respeito de quem faz a proposta de emprego. Em algumas organizações, o superior imediato ou gerente faz a proposta. Em outras, isso é tarefa do departamento de recursos humanos.

As propostas de emprego em geral são feitas pessoalmente ou por telefone. Depois de feita a proposta verbal, você também deverá enviar uma confirmação por escrito. Em ambos os casos, faça a proposta com entusiasmo e com um toque pessoal, talvez referindo-se a algum detalhe positivo da entrevista. Mesmo enquanto faz a proposta, continue a colher do candidato informações relativas às preocupações dele, à oportunidade da decisão e a outras empresas que ele possa estar considerando como alternativas de emprego.

A carta-proposta

Uma carta-proposta é um documento oficial; portanto, procure o aconselhamento dos canais apropriados antes de enviá-la. *Não* dê a entender que a proposta é um contrato de trabalho. Inclua na carta fatos importantes, como:

- data de início do trabalho
- título do cargo
- responsabilidades esperadas
- remuneração
- resumo dos benefícios
- limite do prazo para a resposta à proposta

Evite estes dois erros de contratação

Tome cuidado com estes dois erros comuns quando fizer suas escolhas de contratação:

Buscar desesperadamente os "melhores" candidatos. Não suponha que sua empresa precisa contratar os melhores e mais brilhantes candidatos do mercado. Por que não?

- Para consegui-los, sua empresa talvez precise gastar mais do que pode fazer de maneira confortável.
- A formação educacional e a experiência profissional podem estar acima das exigências do cargo em questão.
- Eles podem estar tão confiantes em sua potencialidade que não irão trazer uma dose saudável de apreciação e gratidão para o novo emprego na sua empresa — e sempre estarão em busca de um "emprego maior e melhor".

Contratar sua própria imagem. Outro erro muito comum é contratar pessoas que são exatamente como você. Muitos gerentes supõem que podem formar departamentos ou equipes fortes reunindo pessoas que tenham todas os mesmos pontos fortes e personalidades iguais — definidas por eles mesmos. Mas lembre-se: a diversidade de personalidades, estilos de trabalho e de abordagens na tomada de decisões

- enriquece a cultura do departamento ou da equipe,
- aumenta as chances de o grupo gerar idéias e soluções criativas, e
- permite que os membros complementem os pontos fortes uns dos outros e compensem mutuamente suas fraquezas.

Não se esqueça do aperfeiçoamento do processo

Este capítulo descreveu a contratação como um processo com várias etapas identificáveis. Neste sentido, ela é semelhante a outros processos de negócios: faturamento, atendimento de pedidos, fabricação, assistência técnica e assim por diante.

Como outros processos, a contratação deve ser o foco de aperfeiçoamento contínuo. Toda experiência importante de contratação deve ser seguida por uma análise em que os participantes avaliam a eficácia de cada etapa do processo, localizam pontos fracos e buscam suas causas, e identificam oportunidades de aperfeiçoamento. As pessoas envolvidas na contratação devem perguntar:

- Até que ponto nossa abordagem é eficaz para definir os requisitos do cargo? Estão envolvidas as pessoas certas? Estamos mais preocupados com a maneira como o cargo *foi* concebido do que como ele *deveria ser*?

- Será que nosso conjunto atual de métodos de recrutamento está gerando uma diversidade atraente de candidatos? Caso não esteja, o que podemos fazer para atrair candidatos em número maior e mais qualificados?
- Nosso método de seleção de candidatos é eficiente? Quais são as melhores experiências nessa área?
- Nosso processo de entrevista gera as informações de que necessitamos para tomar boas decisões de contratação? Há uma qualidade coerente nos entrevistadores e nas sessões de entrevista? Será que alguns entrevistadores precisam de mais treinamento?
- Nosso processo de avaliação de candidatos é objetivo, rigoroso e coerente? Como podemos melhorá-lo?
- Quando fazemos uma proposta de emprego, ela é clara e convincente? Quando uma proposta é rejeitada, procuramos descobrir por quê?

Quando é feito um esforço para aperfeiçoar o processo de contratação, a qualidade dos contratados quase sempre melhora.

Resumo

Este capítulo descreveu a contratação como um processo composto de várias etapas importantes:

- **Definição dos requisitos do cargo.** Você precisa saber com muita clareza para que está contratando e o conjunto de qualificações, experiência, atitude e características pessoais exigido por você e pelas outras pessoas envolvidas no processo de contratação.
- **Recrutamento.** Esta etapa envolve o "lançamento da sua rede" de forma estratégica para criar um grupo de candidatos qualificados. A seleção de currículos faz parte desta etapa.

- **Entrevistas.** O processo de entrevistas tem por objetivo dar, ao entrevistador e ao candidato, uma oportunidade de obter as informações de que necessitam para chegar à melhor decisão possível. As melhores entrevistas têm um núcleo de perguntas feitas a todos os candidatos, que fornecerão mais tarde uma base comum de comparação e avaliação.

- **Avaliação dos candidatos.** Depois de entrevistados todos os candidatos, as pessoas envolvidas na decisão de contratação devem fazer uma avaliação objetiva de cada um. Neste ponto, uma matriz de tomada de decisões poderá ajudar a organizar as anotações das entrevistas e as lembranças de muitas pessoas.

- **Tomar a decisão e fazer uma proposta.** A última etapa do processo de contratação é tomar a decisão e fazer uma proposta. Vise sempre a pessoa que mais poderá contribuir para o sucesso da sua organização.

Como qualquer processo, a contratação pode ser continuamente aperfeiçoada. Você e a organização como um todo podem se tornar mais eficazes nas contratações se tratarem cada encontro como uma experiência de aprendizado. Reflitam sobre aquilo que fizeram bem e o que fizeram mal. Depois, incorporem esse aprendizado à próxima experiência de contratação.

2

Além dos itens básicos da contratação

Detalhes que você precisa conhecer

Principais tópicos abordados neste capítulo

- *Recrutamento* online
- *Quando utilizar um recrutador profissional*
- *O caso da entrevista*
- *Identificação de "interesses pessoais arraigados" para avaliar os candidatos*
- *A importância da cultura organizacional na adequação das pessoas aos cargos*
- *Testes psicológicos*

O CAPÍTULO ANTERIOR descreveu várias etapas importantes do processo de contratação. Este capítulo irá se aprofundar em três delas: recrutamento, entrevista e avaliação dos candidatos. Na análise da etapa de recrutamento, iremos examinar as oportunidades de recrutamento oferecidas pela Internet e por firmas de recrutamento de profissionais. A seguir veremos o "caso" de aplicação de técnica de entrevista no processo de entrevistar. Finalmente, iremos analisar até que ponto o processo que avalia uma pessoa se encaixa num cargo e no ambiente de trabalho por meio do exame dos "interesses pessoais arraigados", da compatibilidade de microculturas e dos testes psicológicos aplicados aos candidatos.

Recrutamento *online*

A Internet está modificando o recrutamento nas empresas.[1] Só a Monster.com contém 18 milhões de currículos (13% da força de trabalho dos Estados Unidos), e todos os dias milhões de pessoas estão vasculhando seu *site*. E a Monster.com não é a única; existem hoje milhares de *sites* oferecendo listas de empregos.

Hoje, cerca de 90% das empresas americanas recrutam *online*, e por razões muito práticas. O recrutamento *online* permite que as empresas encontrem muitos candidatos para um cargo, façam uma seleção em segundos e entrem imediatamente em contato com os melhores. Isto equivale a um vigésimo do custo de anúncios em classificados e reduz em quinze dias o ciclo habitual de contratação, de 43 dias.

A Internet permite que os gerentes atinjam um número maior de candidatos potenciais, e em lugares que não estavam disponíveis no passado. Ela também possibilita que as empresas concentrem seus esforços de recrutamento e se distingam das concorrentes por meio de táticas eletrônicas criativas. Mas as empresas que usam a Internet somente como uma extensão das práticas de recrutamento baseadas em papel estão deixando de explorar o poder do novo veículo. Aqui estão algumas sugestões — e alguns cuidados:

1. **Ampliar o número de candidatos.** Em um mercado de trabalho comprimido, as empresas precisam usar a Internet para atingir candidatos "ativos" e também "passivos". Os candidatos ativos são os que veiculam seus currículos *online*. Os candidatos passivos — trabalhadores qualificados bem empregados — constituem um grupo maior e mais atraente.

   Para atingir os candidatos passivos, alguns especialistas recomendam que um ou mais funcionários de RH dediquem-se a visitar e procurar nos *sites* freqüentados pelos melhores candidatos. Por exemplo, se a sua empresa precisa de programadores em Java, pense nas prováveis idade e preferências deles. Na maioria entre 22 e 29 anos de idade, eles surfam muito na Internet e provavelmente visitam vários *sites* em busca de informações sobre o Java — JavaWorld.com, Java Developer's Journal (www.javadevelopersjournal.com/java) e Gamelan.com. Essas mesmas pessoas podem visitar o CN@Pnet em busca de notícias sobre tecnologia, o CNet.com para resenhas sobre tecnologia, o Tunes.com para baixar músicas e fazer compras, o ESPN.com para esportes e o CNN.com em busca de notícias. Todos eles comercializam *banners* — que podem ser usados para recrutar candidatos que não estejam pensando em deixar seus atuais empregos.

2. **Concentrar-se nas melhores fontes.** Uma lição que as pessoas estão aprendendo à medida que buscam o recrutamento *online* é que a simples

veiculação da existência de vagas no *site* da empresa ou em grandes *sites* especializados, como Monster.com, Hotjobs.com ou Career-Path.com, tem poucas probabilidades de fazer com que apareçam rapidamente os candidatos certos — ou mesmo qualquer candidato. O motivo é que sua mensagem provavelmente ficará perdida na multidão. Uma maneira para ampliar as probabilidades de sucesso é usar *sites* menores — especificamente, o número cada vez maior de *sites* que focalizam determinados tipos de empregos em locais específicos. Por exemplo, o Careers.wsj.com se classifica como o *site* número um para executivos de níveis médio a alto.

Para pessoal técnico, muitos recrutadores desconhecem a existência da Usenet, um sistema global de grupos de discussão. O quadro de avisos do serviço pode ser extremamente específico em relação a funções e locais (nos EUA, por exemplo, o fl.jobs.computers.programming relaciona somente vagas para empregos na Flórida para programadores de computador). Há até um moderador para garantir que as vagas anunciadas satisfaçam os critérios do *site*.

3. **Diferencie-se.** Quando os talentos estão escassos, um empregador precisa adaptar a lógica do marketing ao seu esforço de recrutamento. De fato, ele deve tratar os possíveis candidatos qualificados como "clientes". E o primeiro passo em marketing é a diferenciação.

   Os empregadores estão usando inteligentemente a Internet para se diferenciar dos concorrentes. Algumas empresas americanas acrescentam um *link* para o Datamasters.com aos seus *sites*, incentivando os candidatos em potencial de outras regiões a compararem os custos de vida e a calcular as despesas decorrentes de uma mudança de residência. Outros apresentam técnicas para a redação de currículos em seus *sites*. Por exemplo, a Caterpillar oferece em seu *site* (www.cat.com) um formulário de currículo para ser preenchido que estimula os candidatos a preenchê-lo em tempo real, em vez de passar pelo processo mais complicado de redigir, imprimir e enviar o currículo pelo correio. O formulário também permite que a Caterpillar especifique as informações que deseja dos candidatos, inserindo, por exemplo, um campo para "qualificações técnicas, experiência no setor industrial ou noções de microinformática". Uma lista de vagas disponíveis na Caterpillar, separadas por localização, função e divisão — e atualizada regularmente — tem um *link* com a página de preparação de currículos. Uma agência de marketing direcionada para o setor de TI em Nova York chegou ao ponto de instalar uma *webcam* em seu escritório, para que os candidatos em potencial possam dar uma olhada no seu original ambiente de trabalho.

4. **Use *software* de recrutamento para não se afogar em dados.** Na falta de um mecanismo de filtragem eficaz, seus recrutadores poderão ser esmagados pelos currículos encontrados na Internet ou que lhes são enviados diretamente por *e-mail.* Felizmente, várias empresas de tecnologia têm desenvolvido *softwares* de recrutamento que permitem que as empresas procurem na Internet e baixem as informações sobre os candidatos que interessam para uma base de dados, onde podem ser examinados e avaliados. Graças aos *softwares* deste tipo, os recrutadores e o pessoal de RH podem passar mais tempo publicando ofertas de empregos, revisando currículos *online* e achando candidatos para cargos específicos, em vez de ficarem repassando material irrelevante.

Mantenha em perspectiva a contratação via Internet

Embora atualmente de dois a três milhões de currículos estejam na Internet, esse número é uma pequena fração das 140 milhões de pessoas que compõem a força de trabalho americana. Assim, do ponto de vista da empresa que está recrutando, ela pode estar vendo apenas uma pequena parcela dos indivíduos qualificados que está procurando. E em termos de pessoas que têm sua empresa em vista, os números também não são muito animadores. Uma pesquisa de mercado feita pela firma Odyssey, de San Francisco, calcula que em somente 12% dos 102 milhões de domicílios dos Estados Unidos alguém já procurou emprego *online.* Apesar disso, muitas das pessoas "certas" do ponto de vista do seu recrutamento podem ter colocado seus currículos *online.* E na medida em que mais empresas e pessoas façam isso, as proporções do recrutamento *online* se tornarão mais favoráveis.

Em termos da qualidade dos candidatos, lembre-se de que o recrutamento *online* é como uma rede lançada de forma não direcionada. Ao contrário dos anúncios de empregos veiculados em publicações de circulação restrita, o cargo veiculado *online* está à disposição todos, independentemente das qualificações. Assim, uma publicação em um dos maiores *sites* de empregos pode gerar uma pilha de currículos, que levarão horas para ser selecionados. Esta realidade acaba comprovando o fato de que as melhores fontes de bons profissionais costumam ser as recomendações dos seus atuais funcionários.

Quatro etapas

Peter Cappelli, professor da Wharton School, defende uma abordagem em quatro etapas do recrutamento *online*:[2]

Etapa 1. Atrair candidatos. Muitos candidatos escolhem os possíveis empregadores baseados na imagem da empresa. Conseqüentemente, Cappelli recomenda que as empresas integrem seus esforços de recrutamento com suas outras campanhas de marketing. Aqui estão algumas sugestões para essa integração e para gerar um número maior de candidatos:

- Construa uma marca reconhecível usando uma mesma "aparência" reconhecível nos anúncios de recrutamento *e* de produtos.
- Crie seu *site* de forma que ele seja atraente para os possíveis candidatos: cite prêmios recebidos pela empresa (por exemplo, uma das "100 melhores empresas para se trabalhar da revista *Fortune*") e dê destaque aos *links* para informações a respeito dos privilégios e valores da sua empresa.

- Incentive seus funcionários a mandar por *e-mail* anúncios de empregos para amigos qualificados.

Etapa 2. Selecionar candidatos. O recrutamento *online* pode gerar um número enorme de currículos. O desafio está em selecioná-los rapidamente sem perder bons candidatos. De acordo com as constatações de Cappelli, eis algumas soluções:

- Selecione os candidatos eletronicamente com perguntas simples *online* como: "Você está disposto a mudar de cidade?" ou "Quando poderá começar a trabalhar?" Perguntas como estas podem eliminar as incompatibilidades mais óbvias. (Veja mais a respeito de perguntas para seleção em "Uma advertência legal".)
- Utilize testes e jogos *online* para obter informações a respeito dos interesses, atitudes e aptidões dos candidatos.

Etapa 3. Fazer contato. O recrutamento *online* opera com prazos diferentes daqueles com os quais os departamentos tradicionais de RH estão acostumados. Ele é muito rápido! Os recrutadores precisam não só reconhecer este ritmo diferente, como também adaptar-se a ele. Cappelli oferece algumas sugestões para isso:

- Pôr imediatamente uma pessoa "viva" em contato com um candidato desejável.
- Faça com que os recrutadores pensem e ajam como empreendedores. Assim, poderá ser aconselhável tirar o recrutamento *online* das mãos de gerentes de RH da velha linha, que podem não estar acostumados a agir rapidamente.
- Dar aos gerentes de linha mais voz ativa a respeito de contratações. A descentralização permite que as unidades em busca de candidatos entrem diretamente nos quadros de empregos *online* para encontrar seus próprios candidatos.

Etapa 4. Fechar o acordo. Depois de fazer contato, a conexão via Internet deve passar para segundo plano, em favor dos bons e antigos contatos pessoais. Nesta etapa, as pessoas que fazem a contratação precisam se concentrar na atividade tradicional de conhecer os possíveis contratados e familiarizá-los com a organização. Se não o fizerem, muitos bons candidatos irão escapar através dos seus dedos.

Neste estágio, os recrutadores devem desenvolver relacionamentos pessoais com os melhores candidatos e fazer com que eles saibam que são desejados. Para garantir que isto aconteça, um especialista citado por Cappelli recomenda que os recrutadores passem somente uma hora por dia na Internet e o resto do tempo em contato pessoal com candidatos qualificados. Outros sugerem que um grupo de recrutadores se concentre na busca de pessoas qualificadas e o outro cuide das interações *offline*.

Uma advertência legal

Nos EUA, os regulamentos de antidiscriminação constituem um campo minado para os recrutadores *online* tanto quanto para os tradicionais. Assim, se você "selecionar" candidatos *online* com determinadas perguntas, testes psicológicos ou verificações de crédito, precisa ter certeza de que esses elementos de seleção sejam relacionados ao cargo — e precisa estar preparado para provar isso! (Voltaremos ao assunto em "Testes de personalidade".)

Terceirizar o recrutamento *online* não irá livrá-lo de problemas futuros. Nos Estados Unidos, vários tribunais têm responsabilizado as empresas por violações de leis de antidiscriminação resultantes de técnicas de seleção das firmas contratadas.

Quando utilizar um recrutador profissional

O rápido crescimento econômico e a alta rotatividade de pessoal ao longo da última década criaram uma pequena indústria de empresas que cruzam informações sobre empresas que estão contratando com profissionais em busca de emprego. Elas usam vários nomes, entre os quais agências de empregos, recrutadores técnicos e firmas de seleção de executivos (ou *headhunters*). Algumas são genéricas, ao passo que outras se especializam em determinadas áreas, como contabilidade, tecnologia da informação ou indústria farmacêutica. Na maioria dos casos, a remuneração é contingencial; isto é, elas são pagas somente se uma pessoa for contratada. Em geral, o pagamento equivale a cerca de 30% da remuneração do novo funcionário no primeiro ano. As firmas contratadas para conseguir vários candidatos qualificados — especialmente para altos postos gerenciais — cobram um adiantamento não passível de devolução, ou uma taxa contingencial, e esperam ser reembolsadas por suas despesas. Com isso os custos sobem.

Usadas de forma eficaz, essas empresas de recrutamento podem poupar-lhe o tempo e o dinheiro que você gastaria para gerar um grupo de candidatos qualificados e fazer a seleção inicial. E em muitos casos elas fazem um trabalho melhor. Por exemplo, empresas especializadas em geral dispõem de redes muito ativas de pessoas-chave nos setores por elas atendidos. Caso você tenha uma vaga de alto nível — digamos, para vice-presidente de desenvolvimento de negócios — os *headhunters* comunicarão o fato de forma rápida e confidencial a pessoas qualificadas que, do contrário, nunca tomariam conhecimento da existência da vaga. Eles também selecionam os interessados, de modo que somente candidatos qualificados sejam apresentados para avaliação. Finalmente, eles também se encarregam de parte das negociações que poderiam prejudicar um eventual relacionamento empresa-funcionário. Mas você precisa decidir se os serviços deles valem o custo.

É óbvio que você não precisa contratar serviços externos quando os membros do seu conselho de administração conhecem os candidatos certos ou planejam fazer uma promoção interna. Ao orientar os leitores da

Harvard Business Review, Claudio Fernández-Araóz, um profissional de recrutamento de executivos, cita outros casos em que esses serviços não são necessários:[3]

- quando o grupo de candidatos é pequeno e conhecido da gerência
- quando os requisitos da vaga e a competência do candidato bem-sucedido estão claros
- quando a vaga a ser preenchida é altamente técnica e exige conhecimentos e experiência muito especializados (segundo Fernández-Araóz, essas competências tangíveis são mais fáceis de avaliar do que as capacidades gerenciais e de liderança, mais "intangíveis")
- quando se trata de um cargo de nível inferior.

Mas em muitas outras situações ele defende o uso de uma firma de recrutamento e seleção. A primeira é quando uma empresa está contratando para um cargo de nível muito elevado, com grande impacto sobre os lucros. "Mesmo que a firma de recrutamento de executivos encontre um candidato que gere somente 1% a mais de lucro do que outro," diz ele, "ela se pagará muitas vezes. Além disso, essas firmas em geral são melhores que o pessoal interno para realizar as buscas rápidas e confidenciais que costumam ser necessárias em situações de alto nível".[4]

O auxílio externo também faz sentido quando a diversificação ou empreendimentos conjuntos criam novas categorias de cargos que a empresa contratante realmente não compreende, ou quando ela precisa contratar alguém de outro setor, com qualificações que ela não domine. Fernández-Araóz cita o caso de uma empresa de investimentos conservadora que decidiu contratar um novo diretor de marketing com experiência em política de marcas de produtos de consumo — algo completamente estranho (na época) para os profissionais de marketing de investimentos. A firma de recrutamento tinha experiência nessa área e em pouco tempo obteve uma lista de excelentes candidatos das indústrias automotiva, de cereais matinais e de vestuários. "A empresa acabou contratando o executivo de marketing de cereais matinais, que de fato rejuvenesceu a sua marca," escreveu Fernández-Araóz.

A entrega da tarefa a um *headhunter* não significa que a empresa contratante e seus executivos possam se isentar da responsabilidade. Eles precisam permanecer envolvidos. O conselho de Fernández-Araóz para esse envolvimento é:

- **Selecione um consultor, não apenas uma firma.** Contrate o consultor como se ele fosse o candidato a um emprego, por meio de entrevistas com a pessoa responsável pela seleção, e verifique as referências com antigos clientes. Eles ficaram satisfeitos com os serviços da pessoa? E como ninguém pode fazer todo o trabalho sozinho, procure saber algo a respeito da equipe de apoio do consultor e da sua estabilidade como grupo. Essa equipe permanecerá estável enquanto estiver trabalhando para você?

- **Esteja preparado para possíveis conflitos de interesses.** Uma firma que recebe comissão geralmente não ganha nada se o candidato vencedor for um funcionário já existente. Isso poderá influenciá-la, levando-a a excluir seus empregados do grupo de candidatos, embora sua tarefa seja a de encontrar o melhor candidato para você. Um plano de remuneração baseado numa taxa fixa poderá eliminar este tipo de conflito.

- **Trabalhe em equipe.** Finalmente, Fernández-Araóz defende o trabalho em equipe entre a empresa contratante e a firma de recrutamento. "O pleno envolvimento é decisivo", diz ele, "começando com a definição do problema, passando pelo estágio da lição de casa e indo até a proposta final. Embora os consultores possam adicionar valor em todo este processo, ninguém conhece melhor o cargo e a organização do que seus próprios executivos."[5]

O caso da entrevista

As diretrizes gerais para a condução de uma entrevista de contratação foram apresentadas no capítulo anterior. A obediência a elas irá ajudá-lo a ter um conhecimento preciso do candidato. Conseguir que muitas pessoas entrevistem o candidato e façam perguntas a partir das suas perspectivas individuais pode aumentar ainda mais a precisão. Algumas empresas vão mais longe, utilizando uma "entrevista-caso" para conhecer melhor o candidato e o modo como ele aborda os problemas.

A entrevista-caso é um método que submete o candidato a um cenário e a um problema de negócios semelhantes àqueles encontrados no cargo. Espera-se que ele apresente uma ou mais soluções bem fundamentadas para o problema. Por exemplo, em um caso concebido para avaliar um candidato a gerente de marketing, o entrevistador pode descrever as características gerais de uma indústria e seu mercado de clientes, e perguntar ao candidato que estratégia ele usaria para lançar uma nova linha de produtos naquele mercado. A descrição feita pelo candidato revelará algo a respeito da sua capacidade para lidar com ambigüidade, identificar possíveis soluções e organizar seu pensamento a respeito de questões estratégicas.

As empresas de consultoria gerencial, que estão constantemente recrutando novos membros (o índice habitual de rotatividade de pessoal nesse setor está em torno de 22%), usam a entrevista-caso há muitos anos, e por razões óbvias. Elas precisam de pessoas que possam desenvolver um ponto de vista estratégico. Outras grandes empresas adotaram a técnica — Frito-Lay, Johnson & Johnson, Kraft, Microsoft, Staples e Dell, entre outras. Como foi citado em um artigo da Harvard Management Update sobre este assunto, um gerente da Staples disse que: "A entrevista-caso permite que saibamos diretamente como um candidato enfrenta uma questão estratégica e comunica as possíveis soluções.... Ela também identifica aqueles que podem ver o quadro geral."[6]

Segundo Melissa Raffoni, autora desse artigo, a entrevista-caso tradicionalmente tem se concentrado em testar a capacidade de solucionar problemas. Os entrevistadores que a utilizam observam como os candidatos abordam um problema, a lógica que aplicam e as perguntas que escolhem. No entanto, ela observa que os entrevistadores também podem testar qualificações específicas para o cargo: por exemplo, perguntando a candidatos a cargos de gerência de mercado como tratariam de políticas de preços e previsões de vendas. De acordo com Raffoni, o poder da entrevista-caso é triplo:

1. *Chega o mais perto possível de situações da vida real. É uma oportunidade para ver a mente de uma pessoa funcionar com pouca ou nenhuma preparação. Isto permite avaliar os entrevistados que têm respostas bem preparadas para perguntas convencionais como "Onde você quer estar daqui a cinco anos?"*

2. *Ela ajuda o candidato a ter uma melhor compreensão do cargo. Já vi muitos candidatos terminarem um caso e dizerem: "Antes da entrevista, alguns aspectos do cargo não estavam claros para mim; ela me fez entender melhor aquilo que ele envolve."*

3. *Ela testa várias habilidades. A entrevista-caso pode testar aptidões como pensamento estratégico, capacidade analítica e critérios, juntamente com uma variedade de capacidades de comunicação, entre elas a escuta ativa, o questionamento e o modo de lidar com confrontos. Particularmente para cargos em que não existem antecedentes "certos" nem candidatos "típicos" — isto é, nenhuma exigência de diplomas ou experiência específicos — a entrevista-caso lhe permite colocar todos na mesma condição.*[7]

A técnica da entrevista-caso tem algumas desvantagens. Para começar, ela requer muito tempo, talvez mais do que dispõe a empresa. Este é um argumento favorável à sua aplicação somente a candidatos a cargos de alto nível. Ela também favorece os indivíduos que são naturalmente "rápidos" em relação àqueles que processam as informações e respondem a elas de maneiras diferentes. E este método também não é útil para testar motivação, liderança ou a capacidade da pessoa para trabalhar com outras. Por esses motivos, Raffoni recomenda que a entrevista-caso seja usada em conjunto com os métodos tradicionais.

Contratação baseada em interesses pessoais arraigados

O capítulo anterior mostrou a importância de se identificar as "características pessoais" que um candidato precisa possuir para satisfazer os requisitos de um determinado cargo — como motivação, inteligência e aptidões interpessoais. As pessoas que são profunda e apaixonadamente interessadas pelas atividades que definem seus cargos e possuem mais habilidade para executá-las têm maior probabilidade de êxito em seu trabalho. Portanto, iremos examinar aqui de maneira mais aprofundada o importante papel das características pessoais.

Com base em entrevistas com cerca de 650 profissionais de muitos setores ao longo de dez anos, os psicólogos Timothy Butler e James Waldroop desenvolveram uma estrutura conceitual que delineia oito "interesses arraigados" por meio dos quais as pessoas em geral encontram expressão pessoal:[8]

1. aplicação de tecnologia
2. análise quantitativa
3. desenvolvimento de teorias e pensamento conceitual
4. produção criativa
5. aconselhamento e orientação
6. gerenciamento de pessoas e relacionamentos
7. controle de empreendimentos
8. influência por meio de linguagem e idéias

Esses interesses básicos estão agrupados em três categorias principais nas tabelas 2.1, 2.2 e 2.3: Aplicação de conhecimento, Trabalhar com pessoas e Controle e influência. Como esses interesses podem ser muito úteis na avaliação da "adequação" entre os candidatos e os cargos que pretendem, vamos analisar cada um deles.

Aplicação de tecnologia

As pessoas interessadas na aplicação de tecnologia ficam fascinadas pelo modo como as coisas funcionam e têm curiosidade de encontrar melhores maneiras de usar a tecnologia nos negócios. Como escrevem Butler e Waldroop, "as pessoas com este interesse em geral gostam de trabalhos que envolvem planejamento e análise de produção e sistemas de operações e a reformulação de processos de negócios".[9] Eles citam o exemplo de um administrador de carteiras que atua como consultor extra-oficial da empresa para computadores porque ele gosta mais do desafio deste tipo de trabalho do que da sua função habitual.

Como identificar pessoas com este interesse? Veja quem fica entusiasmado quando são desenvolvidos planos para um novo sistema de computador ou um projeto de reengenharia de processos.

Análise quantitativa

"Algumas pessoas não são apenas boas para trabalhar com números, mas insuperáveis. Elas consideram esta a melhor, e em alguns casos a única, maneira de descobrir soluções de negócios. E também acham divertido trabalhar com matemática... Nem todos os 'atletas dos números' estão em funções que refletem esse interesse profundamente arraigado", escrevem Butler e Waldroop. De fato, muitos deles se encontram em outros tipos de trabalho pelo motivo errado: porque lhes disseram que se seguissem sua verdadeira paixão, suas perspectivas de carreira ficariam reduzidas.

TABELA 2.1
Categoria 1: Aplicação de conhecimento

Aplicação de tecnologia	Análise quantitativa
Exemplos:	*Exemplos*:
• engenharia • programação de computador • planejamento de produção e sistemas • projeto de produtos e processos • análise de processos • planejamento de produção • análise de sistemas • habilidades em mecânica • pesquisa	• pesquisa de mercado • previsões • análise de fluxo de caixa • construção de modelos por computador • programação de produção • análise de investimentos • contabilidade
Desenvolvimento de teorias e pensamento conceitual	**Produção criativa**
Exemplos:	*Exemplos*:
• desenvolvimento de teorias econômicas • desenvolvimento de modelos de negócios • análise da concorrência • concepção de estratégias de "grande amplitude" • concepção de processos • teoria de ensino de negócios	• projeto de novos produtos • marketing e propaganda • desenvolvimento de novas abordagens e soluções • planejamento de eventos • condução de relações públicas • entretenimento • ensinar a escrever • ilustrar

Para identificar pessoas com esta orientação específica, procure aquelas que tenham interesse por análise de fluxo de caixa, métodos de previsão de vendas e outras atividades baseadas em números. Se um gerente de mercado estiver mais interessado na análise de dados sobre os clientes do que naquilo que é dito em um grupo de debates de clientes, é provável que ele seja uma pessoa de análise quantitativa.

TABELA 2.2
Categoria 2: Trabalhar com pessoas

Aconselhamento e orientação	Gerenciar pessoas e relacionamentos
Exemplos:	*Exemplos:*
• orientação • treinamento • ensinar • ajudar • instigar pessoas • dar apoio • dar *feedback* e conselhos	• gerenciar outras pessoas para realizar metas de negócios • dirigir • supervisionar • liderar e inspirar pessoas • vender • negociar • motivar

Desenvolvimento de teorias e pensamento conceitual

"Para algumas pessoas, nada é mais prazeroso do que pensar e conversar a respeito de idéias abstratas", dizem Butler e Waldroop. "As pessoas com este interesse podem se entusiasmar construindo modelos de negócios que explicam a concorrência dentro de uma determinada área ou analisando a situação competitiva de uma empresa em determinado mercado."

Para identificar uma pessoa de teorias e conceitos, procure alguém que poderia facilmente ter seguido uma carreira acadêmica, que assina publicações acadêmicas e que gosta de conversar a respeito de conceitos abstratos.

Produção criativa

Essas pessoas são pensadores imaginativos. Ficam à vontade e envolvidas durante as sessões de *brainstorming*. De acordo com Butler e Waldroop, "muitos empreendedores, cientistas de P&D e engenheiros têm este interesse. Muitos deles se interessam por artes.... Muita gente com este interesse é atraída para setores criativos, como o de entretenimento".

Essas pessoas, dizem os autores, são fáceis de identificar. O modo pouco convencional de se vestirem é um indicador. E também elas se interessam menos pelas características de produtos existentes do que por qualquer coisa *nova.*

TABELA 2.3
Categoria 3: Controle e influência

Controle de empreendimentos	Influência por meio de linguagem e Idéias
Exemplos:	*Exemplos*:
• controlar recursos para atualizar • definir a direção estratégica de uma empresa, unidade de negócios ou divisão • ter autoridade nas decisões finais • ter responsabilidade final em transações de negócios, como vendas e assim por diante	• negociar • fazer acordos • conduzir relações públicas • vender • persuadir • criar campanhas publicitárias • comunicar idéias por meio de escrita ou fala

Aconselhamento e orientação

Essas pessoas gostam de ensinar. Nas empresas, o ensino assume a forma de orientação. Muitos gostam de se sentir úteis para os outros; alguns ficam realmente satisfeitos com o sucesso daqueles a quem aconselham. Para identificar um conselheiro/orientador, simplesmente observe como eles interagem com seus subordinados diretos.

Gerenciar pessoas e relacionamentos

Os indivíduos com este interesse gostam de lidar com pessoas no dia-a-dia. Eles têm satisfação com os relacionamentos no trabalho, mas focalizam muito mais os resultados do que as pessoas da categoria de aconselhamento/orientação.

Para identificação, procure pessoas que gostem de motivar, organizar e dirigir outras pessoas.

Controle do empreendimento

Essas são as pessoas que gostam de estar no comando, seja de uma turma de colégio, de uma divisão ou de uma empresa. Elas ficam mais felizes quando têm autoridade para tomar decisões a respeito de seu pequeno pedaço do universo.

Como identificá-las? Para Butler e Waldroop, "esses indivíduos... pedem o máximo possível de responsabilidade em qualquer situação de trabalho.... Uma pessoa com este interesse quer ser diretor-geral, não diretor de operações".

Influência por meio de linguagem e idéias

Essas pessoas gostam de contar histórias, negociar e convencer. Ficam mais realizadas escrevendo, falando, ou ambos, e são freqüentemente atraídas para carreiras — como relações públicas, jornalismo e propaganda — nas quais essas aptidões são consideradas importantes.

Essas pessoas tendem a ser voluntárias para redigir propostas de projetos ou apresentações de novos produtos para o grupo de vendas da empresa.

Como muitas pessoas têm mais de um interesse, essas categorias de interesses podem ficar superpostas num indivíduo. Por exemplo, um gerente financeiro que gosta de usar suas aptidões quantitativas especiais pode ser muito bom para lidar com pessoas e querer trabalhar com o pessoal de marketing. Assim, não tente classificar as pessoas de forma excessivamente restrita.

Contratar principalmente com base em interesses é muito melhor do que contratar com base em qualificações e valores por várias razões:

- Um emprego que satisfaça os interesses mais profundos de uma pessoa irá manter sua atenção e inspirá-la para ter um bom desempenho e realizar coisas. Por exemplo, Sarah não tinha treinamento formal em biologia nem em ciências ambientais, mas sua paixão pela observação de pássaros fez com que estudasse muito e adquirisse muita experiência de campo. Contratada inicialmente como estagiária de uma grande organização ambientalista, ela acabou chegando ao nível de Ornitóloga Principal.

- Uma pessoa pode ser boa em determinada função (isto é, possui as qualificações perfeitas), mas se a função não lhe permitir expressar seus interesses básicos, ela não ficará satisfeita com o trabalho por muito tempo. Por exemplo, Phil terminou seu Ph.D. em química e conseguiu um emprego na unidade de P&D de uma indústria química global. Como cientista, ele fazia um bom trabalho e ganhou promoções regulares. Portanto, quando ele se demitiu para assumir um cargo gerencial em outra empresa, seu chefe ficou muito surpreso. Quando lhe perguntaram por que havia feito aquela opção, Phil respondeu: "Na verdade, não estou tão interessado em ciência."
- É muito mais fácil ajudar alguém a adquirir ou fortalecer aptidões do que fazer essa pessoa sentir uma paixão duradoura por seu trabalho.

As qualificações certamente têm um papel importante na combinação da pessoa certa com o cargo certo, e os novos funcionários devem ter formação adequada, experiência e capacidade suficientes para executar bem seu trabalho em pouco tempo. Mesmo assim, uma perfeita "combinação de interesses" aumenta a probabilidade de o funcionário permanecer na empresa do que uma "combinação de qualificações".

A Southwest Airlines é um exemplo impressionante de empresa de sucesso que põe atitude e interesse no topo do seu programa de contratações. A Southwest é a empresa mais lucrativa do seu setor, e sua rotatividade de pessoal equivale a cerca da metade da média do setor. Seus métodos de contratação têm muito a ver com este fato. A Southwest contrata somente pessoas dispostas a prestar um serviço agradável que os clientes esperam e apreciam. Com exceção de cargos que exigem qualificações técnicas, como piloto, mecânico e advogado, a Southwest se preocupa menos com as qualificações do candidato do que com sua atitude.

A maneira como a Southwest lida com a contratação faz parte do DNA corporativo criado por Herb Kelleher, seu fundador e principal executivo, hoje aposentado. "Se você não tem uma boa atitude", dizia ele, "nós não o queremos, por mais qualificado que seja. Podemos mudar os níveis de qualificação por meio do treinamento, mas não podemos mudar atitudes."[10] Para a Southwest, uma boa atitude significa senso de humor, senso de trabalho em equipe e o desejo de deixar os clientes felizes.

Para determinar os interesses básicos de um candidato, tente fazer estas perguntas durante a entrevista:

- O que você mais gostava de fazer em seus empregos anteriores?
- O que você gosta de ler? Ou, se estiver folheando um jornal ou uma revista, que tipos de artigos ou anúncios mais chamam sua atenção?
- O que você gosta de fazer em suas horas de lazer?
- Que estágio de um projeto o deixa mais entusiasmado?

Você também pode mostrar ao candidato as tabelas 2.1, 2.2 e 2.3 e perguntar quais dos oito interesses principais lhe parecem particularmente atraentes. Uma vez determinados os interesses do candidato, você poderá decidir se eles são adequados à vaga.

Contratando para a microcultura

Além de combinar a pessoa certa com o cargo certo, o "encaixe correto" tem um componente cultural. Os cargos nas organizações têm contextos culturais e você precisa se certificar de que a pessoa que está pensando em contratar irá reforçar esses contextos e não entrar seriamente em conflito com eles.

O consultor Dwight Gertz descreveu como uma rede americana de docerias instaladas em *shopping centers* teve, há muitos anos, problemas com o "encaixe correto", quando seu departamento de recursos humanos incentivava pessoas com muita iniciativa a se candidatarem a cargos de gerente de loja. "Procuramos pessoas independentes, que queiram ser seus próprios patrões", afirmava o folheto de recrutamento. Porém, quando essas pessoas eram contratadas e incluídas no programa de treinamento da empresa, elas descobriam rapidamente que tudo, desde o que assar, quando assar e em que quantidades, era rigidamente determinado pelo manual de operações da empresa. Na realidade, a empresa não queria empreendedores; ela queria pessoas que pudessem seguir seus procedimentos já testados para dirigir uma doceria de *shopping center*. Ela não tinha, nem estimulava, uma cultura empreendedora. Por esta razão, poucos dos novos gerentes duravam mais de um ano.[11] Havia um descompasso cultural entre a empresa e as pessoas que ela recrutava.

Empresas grandes e pequenas têm *macro* e *microculturas*, e é importante que o candidato a um cargo possa trabalhar efetivamente nelas. Uma macrocultura é a maneira de atuar da organização, seus valores gerais, o modo como os funcionários se relacionam, e assim por diante. Estas mesmas empresas provavelmente também têm *microculturas* — culturas que caracterizam departamentos ou funções diferentes. Por exemplo, para o mundo exterior, uma determinada organização pode parecer ter uma macrocultura muito formal, com os funcionários vestindo ternos de aspecto sóbrio e seguindo regras de conduta severas. Contudo, na mesma organização é provável que haja muitas microculturas diferentes: por exemplo, o departamento de projeto de softwares pode abrigar engenheiros cabeludos que usam jeans e sandálias e costumam brincar uns com os outros. As pessoas e a cultura do departamento de P&D provavelmente são muito diferentes daquelas dos departamentos de marketing e finanças.

É quase certo que sua empresa tenha microculturas. Você sabe quais são? O segredo para fazer boas contratações está em compreender essas microculturas e escolher pessoas que se encaixem nelas, gostem delas e as enriqueçam. Assim, se um candidato gostar realmente de vestir um terno para trabalhar todos os dias e de manter as conversas com os colegas em nível estritamente profissional, é provável que ele não seja adequado para o grupo informal de *software* que fica do outro lado do corredor!

Se você acha difícil definir a cultura da sua unidade ou grupo de trabalho, o questionário da Figura 2.1 poderá ajudá-lo. O conhecimento da cultura existente pode ajudá-lo a contratar novos funcionários adequados e que irão prosperar.

FIGURA 2.1
Pesquisa de cultura de trabalho

Nossa atual atmosfera de trabalho

Até que ponto eu me sinto informado e envolvido na estratégia geral do nosso grupo e na tomada de decisões?

☐ Muito ☐ Nada

Como nos vestimos para trabalhar?

☐ Formalmente ☐ Informalmente ☐ Misto

Quantas reuniões informais fazemos para nos divertir e aliviar tensões?

☐ Nenhuma ☐ Algumas ☐ Muitas

Quantas vezes nos reunimos fora do trabalho?

☐ Nenhuma ☐ Algumas ☐ Muitas

Que nível de privacidade e silêncio temos?

☐ Nenhum ☐ Baixo ☐ Alto

Que tipos de cultura geral achamos que nosso grupo enfatiza? Marque todas as que achar pertinentes.

☐ **Assistência técnica ao cliente** (enfatizando a criação interna e/ou externa de soluções para os clientes e a aproximação com eles, prevendo as suas necessidades e criando valor para eles)

☐ **Inovação** (enfatizando idéias, processos e produtos novos, assumir riscos, adotar mudanças e assim por diante)

☐ **Excelência operacional** (enfatizando eficiência, eficácia e operações sem problemas)

☐ **Ânimo** (enfatizando a criação de ambientes que inspirem a excelência e a criatividade dos funcionários, elevem o ânimo das pessoas, liberem energia e entusiasmo e incentivem um esforço por uma meta comum maior)

A cultura do nosso grupo é suficientemente tolerante para acomodar diferentes tipos de pessoas, ou é do tipo "ame-o ou deixe-o"? (Seja honesto)

Em termos mais específicos, que partes da cultura uma pessoa precisa aceitar para se encaixar?

Outras coisas importantes a respeito da nossa cultura (valores, regras, tácitas etc.)

Idéias para melhorar a cultura

Existem diferenças importantes entre o tipo de ambiente no qual você gostaria de trabalhar e o que atualmente caracteriza nosso grupo? Se existem, quais são?

Que medidas poderiam ajudar a melhorar nossa cultura de trabalho e/ou ajudar a reduzir as diferenças entre aquilo que queremos ou de que necessitamos e aquilo que existe?

Fonte: HMM Retaining valued employees.

Testes psicológicos

PROCURA-SE GERENTE: Departamento de pessoas introvertidas que pensam com os sentidos procura um gerente extrovertido, experiente e intuitivo para um relacionamento de longo prazo e lucrativo. Por favor, nada de fanáticos por controle ou juízes rigorosos.

O uso de testes psicológicos para selecionar candidatos a empregos está se ampliando. Numa pesquisa de 1998 da American Management Association, 45% das 1.085 empresas-membros declararam que utilizam um ou mais testes com candidatos a empregos, contra 35% no ano anterior. Devido ao tempo e às despesas envolvidos, esses testes são aplicados com mais freqüência aos candidatos a cargos gerenciais do que a níveis mais baixos, para os quais os testes de habilidade para o trabalho costumam ser mais adequados.[12]

Sua empresa deve usar testes psicológicos? Por um lado, os especialistas aconselham cautela. Ao contrário dos exames vestibulares, os testes para candidatos a empregos não constituem um instrumento para a eliminação arbitrária de candidatos. Eles não podem fornecer uma solução mágica para os problemas de rotatividade de pessoal da sua empresa. Além disso, nos EUA, se você usar o teste errado — ou fizer uma única pergunta inadequada —, estará expondo sua empresa à ameaça de uma ação legal.

Por que então usar esses testes? Por um bom motivo: usados de forma apropriada, os testes psicológicos podem prever o sucesso no cargo melhor do que qualquer outro método. Entre os testes psicológicos, os de capacidade cognitiva são os melhores. E os testes de personalidade, considerados sem valor no passado, ultimamente têm recebido algum apoio de pesquisadores acadêmicos. Os testes têm algumas vantagens em relação a outros meios de seleção, como a ausência de tendências. Um teste faz as mesmas perguntas e aplica os mesmos padrões a todos, podendo assim contrabalançar os estereótipos do entrevistador. Por exemplo, um executivo responsável por contratações pode ter um preconceito contra pessoas gordas ou que não freqüentaram as escolas "certas". O peso de uma pessoa e as escolas que freqüentou não são bons indicadores de sucesso. Mas todas as pessoas envolvidas em decisões de contratação têm propensões — inclusive algumas de que podem não ter consciência. Os testes ajudam a eliminar essas propensões. Os testes psicológicos também podem dar uma idéia de como um possível funcionário se sairia dentro da cultura da empresa.

Aqui estão algumas sugestões de especialistas a respeito de como fazer com que os testes funcionem para sua organização:

1. **Especifique suas necessidades de contratação.** A American Golf Corporation, sediada em Santa Mônica, Califórnia, tem 1.000 gerentes que supervisionam mais de 14.000 outros funcionários em 270 locais por todo o país. Há anos a American Golf exige que todos os candidatos a gerentes realizem um teste de personalidade, disponível comercialmente, chamado Índice de Previsão. "Ele tem sido útil", disse Tom Norton, diretor de recrutamento. "Tomamos o cuidado de combinar a personalidade ou o estilo de trabalho de um candidato com a do supervisor para quem ele irá trabalhar. Se alguém gosta realmente de trabalhar com pessoas e requer muita supervisão, provavelmente não trabalhará bem com um chefe introvertido."[13]

   A abordagem da American Golf ilustra um dos principais requisitos (e vantagens) dos testes psicológicos: saber o que se está procurando. "É importante observar que características estão sendo usadas no cargo. Isso ajuda a orientar na escolha dos testes", disse William Harris, diretor-executivo da Association of Test Publishers, uma associação de classe sediada em Washington, D.C.[14] Antes de aplicar os testes, a empresa contratante precisa compreender os requisitos específicos do cargo em questão e os valores e comportamentos que definem a cultura do local de trabalho. Na verdade, alguns profissionais acham que o auto-estudo que uma empresa deve fazer na preparação para a utilização de testes em candidatos a empregos é o componente mais valioso do processo.

2. **Não se baseie somente nos testes.** Pense nos testes como uma das pernas de um banco de três pernas, com o histórico do candidato e as entrevistas convencionais sendo as outras duas. Na American Golf, a avaliação da persona-

lidade "é uma de muitas, muitas coisas que observamos em cada candidato", disse Norton. "Ela pode validar outras opiniões que colhemos de entrevistas e referências. Em alguns casos, ela pode suscitar uma questão a ser examinada mais atentamente. O teste nunca é o único fator no qual baseamos a decisão de contratar."

3. **Mais é melhor (até certo ponto).** Testes não servem para todos. Para fazer testes em busca de traços de personalidade, os especialistas sugerem instrumentos como o Personality Research Form, o WAIS-R ou o Executive Profile Survey. Para examinar os interesses de um candidato, experimente o Jackson Vocational Interest Survey. Para medir a capacidade cognitiva (a expressão que substituiu o QI), um teste como o Watson-Glaser Critical Thinking Appraisal pode ser adequado. Não é raro as empresas e seus consultores aplicarem vários testes diferentes na mesma sessão — por exemplo, para personalidade, interesses, integridade e capacidade cognitiva. Uma bateria de testes na qual cada um tem alguma variação aumenta o poder de previsão. Mas não se esqueça de que o custo aumentará com o número de testes aplicados. Mas diante dos custos envolvidos em conviver com uma opção errada de contratação ou sua demissão, o dinheiro gasto com testes adicionais pode ser bem empregado — especialmente quando se trata de um cargo de alta gerência.

4. **Testes psicológicos não são para amadores.** A interpretação correta dos resultados, mesmo de testes padronizados, requer treinamento em nível de doutoramento em estatística, aplicação de testes e avaliação. Na verdade, você nem mesmo pode ter o teste em mão, já que a distribuição dos testes mais complexos é rigorosamente controlada para evitar que sejam usados de modo errado. Testes como o Jackson Personality Inventory, o 16PF Personality Profile e o Guilford-Zimmerman Temperament Survey só estão disponíveis para os membros de organizações como a American Psychological Association (APA). Embora não haja exigências de licenciamento para aplicadores de testes e consultores, a APA atua como um conselho de licenciamento, e os psicólogos que tiverem aplicado erroneamente os testes poderão ser

descredenciados. Nos EUA, os serviços de um psicólogo consultor em geral custam de US$ 1.500 a US$ 2.000 por candidato de alto nível, e quanto mais sofisticado o processo de seleção, maior o custo. A seleção de um CEO pode custar mais caro.

5. **Cuidado com as armadilhas.** Nos EUA, as ações trabalhistas estão obrigando os responsáveis pela aplicação de testes a serem muito cuidadosos. Várias leis e regulamentos recentes — as normas da Comissão por Oportunidades Iguais de Emprego, a proibição, pelo Congresso, do uso de detectores de mentiras e, mais importante, a Lei Americana de Incapacidades de 1990 (ADA) — restringem severamente o conteúdo dos testes pré-emprego. Um veterano do ramo de testes disse que hoje sua firma pode usar somente cerca de 10% dos testes que usava anteriormente; todos os outros se chocam com as normas. Por exemplo, a cadeia de varejo Target Stores errou ao aplicar aos candidatos a empregos seu próprio teste, que incluía perguntas de dois testes padronizados anteriores à ADA. O teste continha algumas perguntas hoje proibidas sobre saúde, preferência sexual e crenças religiosas. A Target foi processada em 1991 por discriminação e fez um acordo fora dos tribunais no valor de US$ 2 milhões.

   Para que o teste seja legalmente "à prova de bala", todas as perguntas devem ter validade de previsão. Isto é, o aplicador do teste precisa ser capaz de mostrar não só que um teste mede com precisão os traços que procura medir, mas também que ele prevê o comportamento no cargo específico em questão. Não é uma tarefa muito fácil, e por isso os criadores de testes gastam habitualmente milhões de dólares, e meses, ou anos, com pesquisas de campo em larga escala antes de lançar um. E cada empresa que os utiliza precisa validá-los com dados de seus próprios funcionários para se protegerem contra litígios. Dispor de evidências de que os testes funcionam em outras empresas ajuda, mas o importante é mostrar que eles funcionam para você!

É possível para as empresas elaborar seus próprios testes, inclusive com validade de previsão. Por exemplo, a Procter & Gamble criou um que satisfaz os critério de validação para distinguir o desempenho potencial de um gerente de marca. Mas poucas empresas dispõem de dinheiro e conhecimentos para investir na criação de seus próprios testes. Em vez disso, elas recorrem a consultores.

Resumo

Este capítulo analisou várias técnicas especializadas que podem melhorar o processo de contratação:

- O recrutamento *online* é rápido, barato e pode aumentar seu grupo de candidatos. *Softwares* de recrutamento poderão ajudá-lo e tornar mais manejável o material encontrado na Internet.
- Recrutadores profissionais podem poupar seu tempo. Embora tenham seu custo, se você contratar um recrutador competente, seu dinheiro será bem empregado. As firmas especializadas contam com redes ativas de pessoas-chave nos setores atendidos por elas e podem levar a notícia de forma rápida e confidencial a pessoas qualificadas. Elas também fazem seleção, de modo que somente candidatos qualificados sejam apresentados para a avaliação.
- Consideramos o uso do método da "entrevista-caso" — uma maneira útil de medir a capacidade do candidato para resolver problemas. Este método submete o candidato a um cenário e um problema de negócios semelhantes àqueles encontrados no cargo pretendido. Caso você use este método, observe como os candidatos abordam o problema, identificam soluções alternativas e organizam seu pensamento.
- A avaliação dos candidatos com base em seus interesses é uma abordagem macro da combinação de pessoas com os cargos nos quais elas irão se sobressair. A menos que um treinamento técnico específico seja um pré-requisito, muitas empresas têm melhores resultados contratando com base nos interesses do que nas qualificações, que podem ser ensinadas facilmente.

- A contratação por adequação cultural pode ser tão importante quanto qualquer outro parâmetro de avaliação. A cultura define o modo de atuação de uma organização, seus valores gerais e as maneiras como as pessoas se relacionam entre si. Você quer evitar tentar encaixar um pino quadrado em um buraco redondo.

- Muitas empresas estão usando testes psicológicos para aprender mais a respeito das pessoas incluídas no grupo final de candidatos. Mas tenha cautela: só use testes — e consultores para testes — que passem pelo crivo das leis de antidiscriminação.

3

Mantendo os melhores

Estratégias básicas de retenção

Principais tópicos abordados neste capítulo

- *Por que a retenção é importante*
- *Por que hoje a retenção é um desafio tão grande*
- *Os desafios especiais de uma força de trabalho diversificada*
- *Por que as pessoas* ficam — *e* por que saem
- *Exemplos de empresas que conseguem reter os funcionários*
- *Sugestões sobre o gerenciamento para retenção*

CONTRATAÇÃO E RETENÇÃO representam dois lados da mesma moeda. Elas se complementam e, se ambas são bem-feitas, produzem aquilo de que toda empresa precisa desesperadamente: ativos humanos de primeira classe. Neste capítulo iremos mudar nosso foco do processo de contratação para estratégias destinadas a manter os bons funcionários que você já tem.

Se você fez corretamente tudo o que foi descrito nos capítulos anteriores e preencheu todas as vagas somente com pessoas talentosas e esforçadas, é provável que tenha uma vantagem considerável em relação aos seus concorrentes, já que poucas empresas chegam a atingir esta meta. Mas seu êxito na contratação cria um outro desafio: manter esses astros na casa. Afinal, se os seus ativos humanos forem nitidamente superiores, outras empresas ficarão sabendo e tentarão seduzi-los com melhores salários, mais autoridade e condições de trabalho mais atraentes — talvez os mesmos estímulos que você usou para recrutá-los! Você se verá na defensiva, obrigado a analisar suas próprias práticas de emprego, os benefícios e o esquema de remuneração para verificar se eles estão inconscientemente prejudicando os laços de lealdade entre sua empresa e as ótimas pessoas que você contratou.

A retenção é um desafio enfrentado por muitas das empresas mais admiradas do mundo. Observe a experiência de muitas empresas nos Estados Unidos entre 1992 e 2000. As empresas americanas tiveram um grande crescimento econômico nesse período e praticamente qualquer pessoa fisicamente apta que quisesse um emprego encontrava-se na força de trabalho. Em muitas categorias profissionais — particularmente as áreas de TI, desenvolvimento de *softwares*, engenharia elétrica, contabilidade e finanças — a procura superava a oferta, provocando aquela que ficou conhecida como a "guerra por talentos". Muitas empresas reconheceram que a escassez de talentos era uma séria restrição ao seu crescimento e fizeram o possível para reter seus funcionários mais valiosos. A Ernst & Young chegou a instalar um Escritório de Retenção, sob a responsabilidade direta do CEO. Outras criaram programas de qualidade de vida para aliviar o estresse. Roupas informais, creches no local de trabalho e mesas de futebol totó proliferaram. Muitas empresas permitiam que os funcionários levassem seus cães para o trabalho. Foram publicados muitos livros e artigos em revistas sobre "como manter os funcionários felizes e produtivos".

A grande guerra pelos talentos nos Estados Unidos pareceu terminar com a recessão que atingiu o país no final de 2000. O setor de alta tecnologia foi o primeiro a ser atingido. Mesmo os profissionais de TI — as pessoas mais procuradas antes — foram demitidos aos milhares. Seguiram-se demissões em outros setores, à medida que a recessão assolava a economia. Até a Charles Schwab, pioneira na área de desenvolvimento de funcionários e qualidade de vida, foi obrigada a reduzir seus quadros. Entre o final de 2000 e o início de 2002, a taxa de desemprego nacional quase dobrou.

Mas as recessões não duram para sempre, e a maioria das pessoas reconhecia que a guerra pelos talentos iria se aquecer novamente logo que a economia voltasse aos trilhos. E em alguns setores a guerra nunca cessou realmente.

Assim, qual é a situação de retenção na sua empresa? Todos os seus funcionários estão trabalhando felizes? Não aposte nisso. De acordo com um estudo sobre 2.000 funcionários, feito em 1999 pelo Hudson Institute e pela Walker Information:[1]

- 33% são de "alto risco" — isto é, não estão comprometidos com seu atual empregador e não planejam permanecer na empresa pelos dois anos seguintes;

- 39% estão "confinados" — não estão comprometidos com a organização, mas planejam permanecer nela pelos dois anos seguintes; e
- somente 24% são "verdadeiramente leais" — comprometidos com a organização e planejam nela permanecer por pelo menos dois anos.

Assim, se os seus funcionários são parecidos com os pesquisados, mais da metade estão preparados (ou se preparando) para dar o fora!

Este capítulo é o primeiro de vários sobre o tema da retenção de funcionários. Ele explica por que ela é tão importante para sua empresa — e tão problemática. Ele esclarece por que as pessoas permanecem em seus empregos atuais e que fatores as levam a sair. Duas empresas de notável sucesso na retenção de funcionários são citadas como exemplos: Southwest Airlines e o SAS Institute. Finalmente, o capítulo oferece sugestões a respeito do que você pode fazer para reter seus melhores funcionários.

Por que a retenção é importante

A retenção é o oposto da rotatividade de pessoal (a soma de desligamentos, voluntários ou não, de funcionários de suas empresas). As medidas, de âmbito setorial e específicas de empresas, que avaliam os índices de rotatividade revelam que a maioria das empresas pesquisadas pelo Center for Organizational Research tinha índices de rotatividade de pessoal na faixa de 15 a 50%, embora uma considerável minoria apresentasse índices de um único dígito (Figura 3.1).

Retenção não é simplesmente uma questão de "sentir-se bem". A retenção de bons funcionários é importante por três bons motivos ligados ao lucro: 1) a importância cada vez maior do capital intelectual; 2) a ligação causal entre retenção de funcionários e satisfação dos clientes; e 3) o alto custo da rotatividade de pessoal. Vamos examinar cada uma delas.

FIGURA 3.1

Até que ponto a rotatividade de pessoal é ruim?

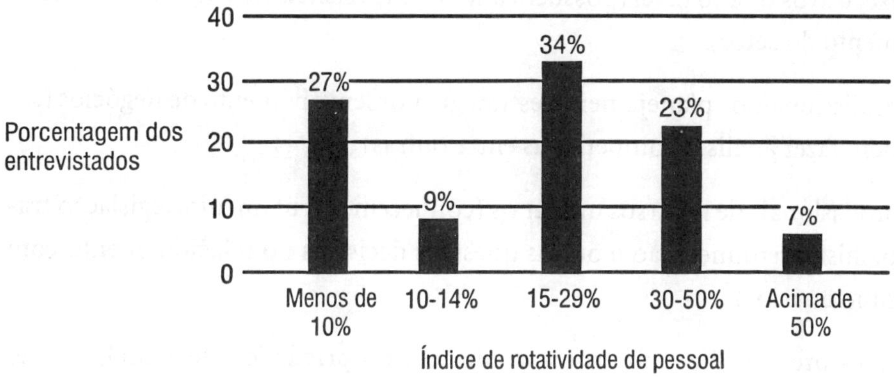

Em sua maioria, as empresas pesquisadas pelo Center for Organizational Research tinham índices de rotatividade de pessoal na faixa de 15 a 50%, embora uma minoria considerável continue a apresentar índices inferiores a 10%. O índice médio é de 23%.

Fonte: Center for Organizational Research, uma divisão da Linkage Inc., 2001.

A importância do capital intelectual

Durante a Era Industrial, os ativos físicos de uma empresa — maquinaria, fábricas e até mesmo terrenos — determinavam sua força para competir. Na atual "Era do conhecimento", o capital intelectual é que define a vantagem competitiva de uma empresa. O capital intelectual é formado pelos conhecimentos e qualificações da força de trabalho da empresa. Hoje, as empresas bem-sucedidas vencem com idéias inovadoras e produtos e serviços de alto padrão — que se originam do conhecimento e das qualificações dos funcionários. Entre os exemplos de pessoas que possuem capital intelectual estão os programadores de computadores, engenheiros de redes, projetistas técnicos, auditores e analistas de marketing direto. Também possuem capital intelectual:

- gerentes de nível intermediário (eles sabem quem contatar para que as coisas sejam feitas)
- executivos de alto nível (possuem anos de experiência na empresa e conhecimento do setor)
- profissionais de planejamento estratégico/desenvolvimento de negócios (sabem fazer análises competitivas entre outras)
- profissionais de recursos humanos (conhecem recrutamento, legislação trabalhista, remuneração e outras questões decisivas no relacionamento com funcionários)
- assessores jurídicos internos (conhecem propriedade intelectual, valores mobiliários e outras áreas de legislação empresarial)

Sempre que um funcionário sai, a empresa perde o seu conhecimento duramente conquistado e as qualificações por ele adquiridas (quase sempre de forma dispendiosa). Quando esse funcionário vai trabalhar numa empresa concorrente, a perda aumenta. Não só sua empresa ficou privada de uma parte importante da sua base de conhecimento, mas seu concorrente a conquistou — sem ter de investir o tempo e o dinheiro que sua empresa pode ter investido em treinamento.

Retenção e satisfação dos clientes

Todos compreendem que a satisfação dos clientes é um dos mais importantes fatores — se não o mais importante — para a sobrevivência e o crescimento da empresa. Esta é uma das razões pelas quais a retenção é tão decisiva. Em outras palavras: *os funcionários satisfeitos com seu trabalho e sua empresa têm mais probabilidade de deixar os clientes satisfeitos.* Embora isto possa ser intuitivamente óbvio, um número crescente de pesquisas confirma esta correlação.

Este fato tem um grande exemplo na Sears Roebuck, que no início dos anos 90 estava perdendo rapidamente dinheiro e clientes. Uma nova equipe gerencial, liderada por Arthur Martinez, foi trazida para deter os prejuízos e revitalizar a gigante do varejo que envelhecia. Como ficou registrado em um notável artigo da Harvard Business Review, uma das iniciativas adotadas pela nova equipe gerencial foi um estudo envolvendo oitocentas lojas da empresa e milhares de funcionários de lojas.[2] Esse estudo analisou muitas relações importantes e constatou que:

- atitudes e comportamentos negativos de funcionários afetavam de modo desfavorável a satisfação dos clientes da Sears;
- a alta rotatividade de pessoal reduzia a satisfação dos clientes e as receitas das lojas; e
- o nível de compreensão que funcionários das lojas tinham de suas funções e dos objetivos estratégicos da empresa influenciava diretamente suas atitudes e seus comportamentos.

O estudo concluiu que as atitudes dos funcionários em relação ao trabalho e à Sears eram desfavoráveis, e que essas atitudes estavam gerando comportamentos que reduziam a satisfação dos clientes e as receitas de vendas. De posse dessas informações, a equipe da Sears desenvolveu um "modelo de cadeia de lucro funcionário-cliente" que quantificava os vínculos causais entre atitudes de funcionários, seu tempo de permanência na empresa e o desempenho financeiro da loja em que eles trabalhavam. Eles chegaram a formular medidas capazes de *prever* o impacto da atitude dos funcionários, do tempo de casa e dos comportamentos sobre a receita. (Veja em "Estudo de caso: retenção e a cadeia atendimento-lucro" algumas histórias por trás da criação deste modelo.)

As constatações da Sears são corroboradas por muitos outros estudos, entre eles um projeto abrangendo várias empresas que concluiu que "a vinculação dos funcionários com a empresa prenuncia a vinculação dos clientes. Quando os funcionários sentem-se ligados à empresa, têm maior probabilidade de comunicar aos clientes sua imagem favorável e seus sentimentos positivos a respeito da empresa. Quando os clientes são expostos a testemunhos favoráveis, eles reagem de maneira mais favorável à empresa".[3] De modo semelhante, uma pesquisa da William M. Mercer junto a altos executivos de recursos humanos em grandes empresas registrou que " mais da metade dos participantes do estudo consideram o mau atendimento aos clientes uma conseqüência de problemas de atração e retenção".[4]

O custo da rotatividade de pessoal

O alto preço da rotatividade de pessoal é o terceiro maior motivo que faz a retenção ser importante. A rotatividade envolve três tipos de custos, cada um dos quais prejudica os lucros:

- Despesas diretas, incluindo os desembolsos com recrutamento, entrevistas e treinamento de substitutos. (Em um mercado com grande demanda de mão-de-obra, os substitutos podem exigir salários mais altos que as pessoas que estão saindo — para não mencionar o custo potencial da concessão de bônus.)
- Custos indiretos, como o efeito sobre a carga de trabalho, o moral e a satisfação dos clientes. Será que outros funcionários estão pensando em sair? Será que os clientes irão acompanhar os funcionários que foram embora?
- Custos de oportunidade, incluindo o conhecimento perdido e o trabalho que não é executado enquanto os gerentes e outros funcionários se concentram em preencher a vaga e preparar os substitutos.

Estudo de caso: Retenção e a cadeia atendimento-lucro

O modelo da cadeia de lucro funcionário-cliente da Sears origina-se de um modelo desenvolvido pelos professores James Heskett, Earl Sasser e vários associados da Harvard Business School. Denominado "cadeia atendimento-lucro", ele também reconhece o papel da satisfação, da lealdade e da retenção dos funcionários

Várias proposições fundamentais formam os elos da cadeia atendimento-lucro:

1. A lealdade dos clientes gera lucratividade e crescimento. Um aumento de 5% na lealdade dos clientes pode elevar os lucros entre 25 e 85%.
2. A satisfação dos clientes gera sua lealdade. A Xerox constatou que os clientes "muito satisfeitos" tinham seis vezes mais probabilidades de comprar novamente equipamentos da empresa do que os clientes meramente "satisfeitos".
3. O valor gera a satisfação dos clientes. Os esforços de uma seguradora para acrescentar o máximo de valor incluem a manutenção de uma equipe que presta serviços especiais em locais de grandes catástrofes. A empresa tem uma das margens mais altas do seu setor.
4. A produtividade dos funcionários gera valor. A Southwest Airlines esvazia e recarrega dois terços dos seus aviões em quinze minutos ou menos; os pilotos voam em média vinte horas a mais por mês do que seus concorrentes. As tarifas permanecem baixas, enquanto o atendimento permanece alto.
5. A lealdade dos funcionários gera produtividade. Para uma concessionária de automóveis , o custo anual de substituição de um representante de vendas com oito anos de experiência por um com menos de um ano foi de US$ 432.000 em vendas perdidas.

6. A satisfação dos funcionários gera lealdade. Em um estudo sobre uma empresa, 30% de todos os funcionários insatisfeitos manifestaram a intenção de sair, comparados com apenas 10% dos funcionários satisfeitos. Além disso, foi constatado que a baixa rotatividade de pessoal estava intimamente ligada ao alto nível de satisfação dos clientes.

7. A qualidade interna gera satisfação nos funcionários. Os funcionários que trabalham no atendimento ficam mais satisfeitos quando lhes são delegados poderes para resolver as coisas para os clientes e quando têm responsabilidades que adicionam relevância ao seu trabalho.

Fonte: James Heskett, Thomas Jones, Gary Loveland, W. Earl Sasser, Jr. e Leonard Schlesinger, "Putting the service-profit chain to work", *Harvard Business Review* 72, nº 2 (março-abril de 1994): 164-172.

O que significa isso tudo? As estimativas variam muito, em parte porque o custo de se perder e substituir um funcionário depende do indivíduo e do setor envolvido. Mas ele raramente é baixo. Para empregados em geral, o Departamento do Trabalho dos Estados Unidos estima que a rotatividade custe cerca de um terço do salário do novo funcionário. Entre funcionários de nível gerencial ou profissionais liberais, essa porcentagem aumenta de forma drástica. Em geral, as estimativas estão na faixa de uma a duas vezes o salário anual do funcionário que sai. Mas essas cifras mascaram muita variabilidade, grande parte relacionada à eficácia do funcionário que sai. É óbvio que o custo da perda de um funcionário extremamente eficiente é muito superior ao custo da perda de um funcionário de desempenho médio — embora os salários e benefícios de ambos possam ser muito semelhantes. Para ajudar a calcular o custo de rotatividade, visite www.elearning.hbsp.org/businesstools para acessar uma forma de calcular a rotatividade.

Categorias profissionais como tecnologia da informação, programação de *software*, consultoria gerencial e auditoria apresentam habitualmente índices de rotatividade de 20 a 25%. Considerando os níveis salariais nessas áreas, esses índices devem resultar em um grande ônus financeiro para a empresa afetada.

Há outro lado da moeda do custo da rotatividade. A rotatividade de pessoas incompetentes pode não gerar custo nenhum, já que a saída desses funcionários pode na verdade eliminar certos custos ocultos. Considere, por exemplo, os custos de se terem pessoas medíocres ou incompetentes em cargos vitais, como foi citado no início deste livro. Qual é o custo das más decisões freqüentemente tomadas por esses funcionários? Bradford Smart calculou que o custo de um gerente incompetente de nível médio é de aproximadamente US$ 1,2 milhão por ano. O custo aumenta quando se considera a incompetência no nível da alta gerência. E qual é o custo associado com o baixo moral e os desligamentos gerados por ele?

Por que a retenção é tão desafiadora

O desafio de se reter bons funcionários é complicado por vários fatores: condições demográficas, expectativas culturais e mudanças radicais no mundo do trabalho.

Condições demográficas

Em alguns países, principalmente nos Estados Unidos, mudanças de caráter demográfico tornaram a retenção especialmente difícil. Aqui estão alguns dados estatísticos importantes do cenário americano:

- A força de trabalho está amadurecendo. Atualmente, a idade média dos funcionários é de 35 anos. Cerca de 3,75 milhões de trabalhadores já passaram dos 55 anos. Em 2015, a população de americanos na principal faixa etária gerencial de 35 a 45 anos será 15% menor do que era em 2000. (Figura 3.2.)
- O crescimento econômico está superando o crescimento da força de trabalho. A economia americana vem crescendo 2,4% ao ano, enquanto o crescimento da força de trabalho está em apenas 1,2%.

- A oferta de técnicos e profissionais liberais altamente qualificados está sendo superada em muito pela demanda — particularmente em áreas ligadas a computadores.

As ramificações dessas tendências são claras: uma escassez acentuada de trabalhadores qualificados — e uma concorrência cada vez maior entre as empresas para recrutar e reter aqueles que estão disponíveis.

FIGURA 3.2
O envelhecimento da força de trabalho

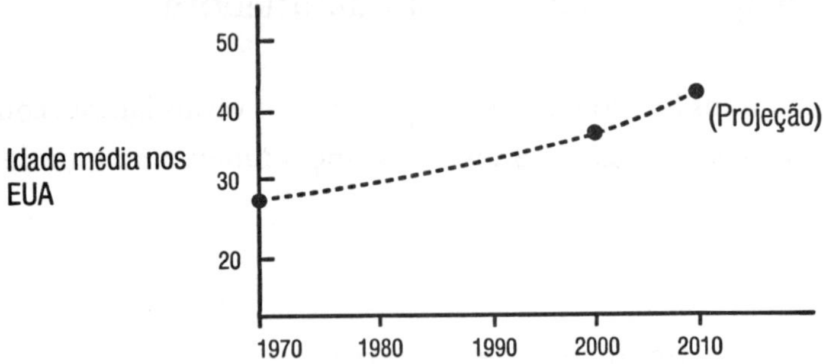

Fonte: HMM Retaining Valued Employees.

Expectativas culturais

As expectativas das pessoas a respeito do trabalho também influenciam fortemente os padrões de retenção. Por exemplo, em alguns países os funcionários muitas vezes passam a vida inteira trabalhando para uma só empresa. Eles, seus colegas e as empresas se consideram quase uma família e dão uns aos outros a mesma dedicação, o mesmo empenho e apoio que dariam aos membros de suas famílias. Já as culturas de outros países enfatizam mudanças rápidas e contínuas — inclusive os "saltos entre empregos" por trabalhadores em busca da melhor combinação possível de trabalho, remuneração e oportunidades futuras. As leis trabalhistas de alguns países — particularmente França, Alemanha e Itália — dificultam a demissão de funcionários, ao passo que em outras regiões as empresas podem demitir livremente.

Como você pode imaginar, as metas de retenção de uma empresa podem ser mais ou menos difíceis, dependendo dos fatores culturais que influenciam as tendências de emprego na sua região ou em seu setor.

Mudanças radicais no mundo do trabalho

Finalmente, mudanças nas condições econômicas e culturais podem produzir alterações drásticas no mundo do trabalho. Aqui estão alguns exemplos:

- Uma tendência para o trabalho autônomo. Os trabalhadores autônomos, que atendem vários clientes de forma temporária, totalizam hoje 15% da força de trabalho americana.

- A dissolução do contrato de trabalho empregador-empregado. Com a onda de reengenharia e reestruturação que atingiu muitas partes do mundo dos negócios nos anos 70 e 80 — e novamente na queda dos negócios de 2000-2002 —, algumas empresas negligenciaram a importância da força de trabalho. Em conseqüência disso, velhas hipóteses a respeito do paternalismo dos empregadores e da lealdade dos empregados se evaporaram. Hoje em dia, quase todos os trabalhadores supõem que precisam se encarregar da própria capacidade de conseguir emprego e das suas carreiras — mesmo que isso signifique mudar de uma empresa para outra. Só nos Estados Unidos, a maioria das pessoas terá 8,6 empregos diferentes entre os 18 e os 32 anos.

- A necessidade crescente de qualificações técnicas. O desenvolvimento econômico no mundo inteiro, o surgimento da economia da Internet e os progressos cada vez mais rápidos da tecnologia em geral têm aumentado a demanda por pessoas com qualificações técnicas avançadas. Com um mercado global para a mão-de-obra técnica, a concorrência será intensa e virá de lugares inesperados.

- O crescimento do recrutamento via Internet. Como foi descrito no capítulo anterior, a Internet tornou mais fácil para os funcionários ficar sabendo de vagas em outras empresas — e se candidatarem a essas vagas . E não são mais apenas os jovens que entendem de computadores o suficiente para surfar na Internet em busca do emprego perfeito. Trabalhadores de todas as idades estão se sentindo cada vez mais à vontade no uso da Internet para explorar oportunidades externas de trabalho.
- Exigências por melhor qualidade de vida. Nos Estados Unidos, onde é comum o marido e a mulher trabalharem fora, muitas pessoas estão simplesmente cansadas de horários e condições de trabalho que colocam as necessidades da empresa acima das obrigações pessoais e familiares. Reuniões em fins de semana. Férias interrompidas por *e-mails* do escritório. Muitas noites em hotéis. Longas jornadas diárias até o trabalho e vice-versa. Muitos funcionários, particularmente mulheres com filhos pequenos, estão deixando seus empregos para aceitar outros com salários menores mais perto de suas casas, ou encontrando outras situações que tornem mais viável o equilíbrio entre trabalho e vida pessoal.

Somadas todas essas tendências, fica claro que as empresas não podem mais esperar que os funcionários comecem cedo a trabalhar nelas e permaneçam ali indefinidamente. Em vez disso, as empresas precisam incentivar, de forma ativa e criativa, a permanência dos bons funcionários — principalmente em mercados de alta tecnologia.

Os desafios especiais de uma força de trabalho diversificada

A retenção é especialmente difícil quando a força de trabalho é bastante diversificada. E este é o tipo de força de trabalho que os gerentes em muitas partes do mundo enfrentam hoje. Desde idade e sexo a tempo parcial contra integral, a etnia, raça, orientação sexual e capacidade física — as empresas estão, ao mesmo tempo, se beneficiando das diferenças entre os funcionários e lutando com elas. As estratégias do tipo "tamanho único" para reter bons funcionários simplesmente não funcionam mais. As empresas podem melhorar seus índices de retenção imaginando estratégias criativas e especializadas para cada segmento importante da força de trabalho.

A força de trabalho contingencial

Os membros da "força de trabalho contingencial" — trabalhadores em tempo parcial, contratados e temporários — oferecem algumas vantagens importantes, assim como desafios difíceis, para os gerentes e os departamentos de RH. Entre as principais vantagens estão:

- Flexibilidade — as empresas podem adaptar os horários desses trabalhadores para satisfazer o fluxo de trabalho e as demandas, utilizando-os somente quando necessário.
- Economia — as empresas poupam dinheiro nos impostos sobre folha de pagamento, benefícios e outras despesas utilizando trabalhadores temporários, em tempo parcial ou autônomos.

Entre os desafios temos:

- Alta rotatividade de pessoal — em alguns casos, de 200 a 300% — o que cria imprevisibilidade e instabilidade na cultura da empresa.
- Um nível mais baixo de lealdade à empresa e aos seus produtos.
- Uma exigência crescente dos mesmos benefícios recebidos pelos funcionários regulares — como trabalho satisfatório e apoio para o desenvolvimento de carreiras.

Como a força de trabalho contingencial constitui um recurso tão valioso, muitas empresas estão hoje desenvolvendo programas concebidos especificamente para reter esses trabalhadores. Por exemplo, uma empresa oferece treinamento aos membros da força de trabalho contingencial em troca de um compromisso de permanência por seis meses.

Trabalhadores jovens

Os trabalhadores mais jovens — principalmente aqueles na faixa dos vinte anos — trazem energia, frescor e os mais recentes conhecimentos técnicos para a força de trabalho de uma empresa. As tendências demográficas, especialmente nos Estados Unidos, têm provocado uma escassez sem precedentes desses trabalhadores. Mas eles representam algumas dificuldades:

- Os trabalhadores jovens estão particularmente interessados em definir suas carreiras e em conseguir empregos que os ajudem a avançar para os *próximos* empregos.
- Muitos trabalhadores jovens sentem-se mais à vontade com mudanças rápidas e estruturas gerenciais horizontais do que os funcionários mais antigos. Isto pode criar desentendimentos e tensões entre as duas gerações — principalmente quando um supervisor e seu subordinado direto são de gerações diferentes e têm expectativas diferentes em relação ao trabalho.
- Muitos funcionários jovens querem que seu empregador defina um plano de carreira para eles — uma trilha profissional que lhes permitirá chegar a um nível de remuneração que possibilite o sustento de suas famílias.

Como a sua empresa poderá satisfazer as necessidades dos trabalhadores mais jovens e assim reter os melhores entre eles? Estas quatro estratégias poderão ajudar:

1. **Conheça a formação educacional e a experiência deles e adapte o trabalho de acordo com isso.** Essas pessoas mais jovens conhecem as "reduções de quadros" pela experiência dos seus pais; elas aceitaram a verdade de que nada é certo no mundo empresarial. Conseqüentemente, são mais leais às suas próprias qualificações. Se há um grupo para o qual uma modificação do cargo ou uma atribuição "ampliada" não é apenas uma idéia boa, mas *essencial,* é este. Ao mesmo tempo, eles sentem-se à vontade com dispositivos para poupar tempo e para comunicação em tempo real (*e-mail,* mensagens instantâneas e a Internet), de modo que tendem a executar as tarefas rapidamente. Assim, projetos com prazos curtos e multifacetados podem ser especialmente atraentes para eles.

2. **Inclua o desenvolvimento profissional em sua proposta de valor para este grupo.** Para atrair os trabalhadores mais jovens, sua empresa poderá demonstrar seu empenho apoiando e esclarecendo os passos para o desenvolvimento de suas carreiras (por exemplo, através de recursos de alta tecnologia para gerenciamento de carreiras, como a Internet e comitês de cargos).

3. **Lidere por meio do aprendizado.** Os funcionários na faixa dos vinte anos atribuem alta prioridade ao aprendizado e ao desenvolvimento de novas qualificações. Ofereça treinamento e orientação regularmente, bem como programas de estágios. Dê aos novos recrutados a oportunidade de aprenderem a respeito do resto da empresa permitindo que funcionários façam apresentações sobre seus departamentos e funções.

4. **Procure opiniões independentes e constantes de todos os funcionários.** Tire proveito do aprendizado diário deste grupo pedindo constantemente suas opiniões por meio das novas ferramentas *online* hoje disponíveis.

Funcionários com mais de 50 anos

Os funcionários nesta faixa etária merecem atenção especial por dois motivos. Primeiro, em algumas empresas eles representam uma porcentagem considerável dos funcionários. Segundo, os trabalhadores maduros (nos Estados Unidos, a geração do *baby boom*, posterior à Segunda Guerra Mundial) têm amplos conhecimentos e uma rica experiência em negócios — assim sendo, representam uma importante parcela do capital intelectual de qualquer empresa. Muitos possuem qualidades como confiabilidade, paciência ou honestidade — que as pessoas adquirem somente enfrentando as responsabilidades do dia-a-dia durante muitos anos. De acordo com o autor do artigo "How to keep your 50-somethings," esses funcionários também representam várias dificuldades para as empresas:[5]

- Eles estão cada vez mais perto da aposentadoria. Quando começam a se aposentar, fábricas ou departamentos inteiros podem ser dizimados.
- Nas regiões em que a economia está prosperando, muitos trabalhadores mais velhos estão pensando em aposentadoria precoce, numa segunda carreira ou num emprego melhor em outra empresa.
- Outros podem adoecer ou se ferir, ou sair para cuidar de um parente idoso — e nunca mais voltar.

Para conservar esses trabalhadores maduros na folha de pagamento *e* mantê-los produtivos, você talvez tenha de criar um ambiente de trabalho no qual a sabedoria convencional a respeito de descrições de cargo, horários, remuneração, benefícios e assim por diante, foi eliminada. Tenha em mente estas quatro sugestões:

- **Pergunte aos trabalhadores maduros do que eles necessitam.** A simples abertura de um diálogo desta maneira poderá ajudá-lo a atender melhor às necessidades deste grupo. Por exemplo, muitos trabalhadores mais velhos podem dar mais valor a um seguro-saúde de longo prazo do que a um grande aumento salarial.

- **Apóie a flexibilidade.** A vida parece mais curta acima dos 50; muitos trabalhadores nesta idade querem trabalhar em tempo parcial ou em suas casas. Eles também estão interessados em licenças para estudo, folgas não remuneradas e tempo livre para projetos comunitários. Considere qualquer dessas propostas, bem como uma "aposentadoria gradual".

- **Torne interessante o trabalho deles.** No trabalho, muitos funcionários maduros desejam autonomia, um senso de significado e a oportunidade de continuar aprendendo. Isto pode significar a reformulação do modo como as tarefas são executadas. Deixe que os funcionários maduros trabalhem à maneira deles e ofereça o treinamento de que precisem para adquirir novas qualificações — particularmente na área de tecnologia.

- **Flexibilize seu sistema de remuneração.** Evite planos salariais "tamanho único". Por exemplo, enquanto os funcionários mais jovens podem querer dinheiro, os mais velhos podem preferir contribuições maiores para um fundo de aposentadoria. Seja criativo!

Funcionárias

Nos Estados Unidos e em muitas outras sociedades ocidentalizadas, o fim da Segunda Guerra Mundial provocou o ingresso de uma torrente sem precedentes de mulheres na força de trabalho. Hoje a tendência está se revertendo — de maneira alarmante. Por exemplo, as mulheres estão deixando as empresas numa proporção duas vezes maior do que a dos homens — muitas delas trocando o mundo empresarial pela fronteira do empreendimento próprio. Por quê? Muitas mulheres assalariadas ficam desestimuladas pelo "teto de vidro" que impede seu progresso. Outras querem ou precisam de mais flexibilidade do que seus empregadores podem propiciar. Outras ainda — como seus colegas do sexo masculino — desenvolveram conceitos de negócios que preferem realizar individualmente e não como funcionárias de uma corporação qualquer. O "*brain drain*" resultante tem um alto preço.

O que sua empresa pode fazer? Tente estas quatro estratégias:[6]

1. **Analise a situação atual.** Identifique quantas mulheres ocupam cargos de alta gerência na sua empresa e quantas poderão vir a ocupá-los. Então fale com essas mulheres — descubra o que é importante para elas e de que maneira é possível satisfazer suas necessidades.

2. **Elimine as barreiras "invisíveis" ao sucesso das mulheres.** Examine com atenção o ambiente da sua empresa. As barreiras ao sucesso das mulheres podem ser sutis — mas muito reais. Identifique as mulheres com grande potencial e dê a elas igual acesso a oportunidades para melhorar na carreira: cargos de linha, oportunidades para desenvolver habilidades, atribuições em projetos especiais, liderança de comitês e nomeação para equipes de grande visibilidade.

3. **Cultive o apoio em toda a organização.** Por exemplo, dê aos supervisores a responsabilidade pelo cumprimento das metas de igualdade entre sexos na empresa. Nomeie um *ombudsman* para cuidar de qualquer incidente. Envie uma mensagem que sinalize a aceitação de uma ampla gama de estilos de liderança e um convite às pessoas mais talentosas — homens *e* mulheres — para progredir, subindo nos níveis da hierarquia.

4. **Promova o entendimento de que as maneiras de gerenciar das mulheres são boas para os negócios.** Muitos livros mais antigos de administração aconselham as mulheres a agir como homens para que tenham êxito. Hoje em dia, muitas pesquisas contradizem esta abordagem. Especificamente, várias mulheres empreendedoras apresentam mais flexibilidade, compreensão e um estilo gerencial aberto — e tudo isso pode dar às suas empresas uma vantagem competitiva vital.

Há muitas maneiras de lidar com questões de gênero no local de trabalho. Independentemente do modo que você escolher para fazer isso, comunicação, criatividade e uma abordagem pró-ativa irão ajudar.

Raça, etnia, orientação sexual e outras diferenças

Os seres humanos têm uma longa história a respeito de tratar uns aos outros de modo injusto devido a diferenças — quer sejam de raça, etnia, orientação sexual, capacidade física ou outra característica. Muitas pessoas têm sofrido discriminação no trabalho — em alguns casos, oculta, em outros, aberta — se elas não se encaixam naquilo que os outros consideram a cultura "habitual". Este tipo de tratamento injusto tem um alto custo para as empresas.

As empresas não podem se dar ao luxo de ignorar os talentos encontrados entre pessoas que são "diferentes". Todo funcionário talentoso é importante, e encontrar maneiras de mantê-lo simplesmente faz sentido em termos empresariais. Assim, como sua empresa poderá se beneficiar das muitas formas de diversidade representadas em sua força de trabalho, e sustentá-las? Observe os quatro pontos identificados acima em relação às mulheres. Lembre-se também de que os membros de grupos minoritários estão muito atentos a atitudes pouco sinceras que visam a apaziguá-los. Eles observam para ver se a sua organização "age como fala". Promessas feitas mas não cumpridas não passarão despercebidas. Ao mesmo tempo, a promoção de funcionários não qualificados do grupo minoritário irá alienar *todos*. E se as oportunidades de crescimento e progresso não existirem na realidade, proclamar que existem somente irá prejudicar sua empresa.

Por que as pessoas permanecem na empresa

As pessoas ficam numa empresa por muitos motivos diferentes, entre eles segurança de emprego, uma cultura de trabalho que reconhece a importância da qualidade de vida, o reconhecimento de um trabalho bem-feito, horários flexíveis ou a sensação de pertencer àquele lugar. Esses motivos podem variar muito de um país para outro. No entanto, nas culturas em que se supõe que as pessoas podem mudar de emprego livremente, as principais motivações para ficar são:

- **Orgulho da organização.** As pessoas querem trabalhar para empresas bem administradas e dirigidas por líderes qualificados e engenhosos — isto é, gerentes de alto nível que têm uma visão clara do futuro da empresa, que podem criar estratégias poderosas para o sucesso e podem motivar outras pessoas a perceberem essa visão.
- **Um supervisor respeitado.** Ainda mais importante é o relacionamento funcionário-supervisor. As pessoas terão mais probabilidade de ficar na empresa se tiverem um supervisor a quem respeitam e que lhes dê apoio.
- **Remuneração justa.** As pessoas também querem trabalhar em empresas que ofereçam uma remuneração justa. Isto inclui não só salários e benefícios competitivos, como também uma remuneração intangível, na forma de oportunidades para aprender, crescer e realizar.
- **Associação.** A oportunidade de trabalhar com colegas respeitados e compatíveis é outro elemento que muita gente considera essencial.
- **Trabalho significativo.** Finalmente, as pessoas querem trabalhar em empresas que lhes permitam realizar tipos de trabalho que apelem para seus interesses mais profundos. O trabalho satisfatório e estimulante nos torna mais produtivos.

As constatações da pesquisa "War for talent 2000 survey", da McKinsey & Company, junto a gerentes de níveis médio e alto, de modo geral confirmam esses dados. Essa pesquisa perguntou aos gerentes até que ponto vários fatores eram importantes em suas decisões de entrar para uma empresa e nela permanecer. Os resultados são mostrados na Figura 3.3. Os itens em negrito são aqueles que têm forte relação causal com o nível geral de satisfação registrada. Os autores Ed Michaels, Helen Handfield-Jones e Beth Axelrod concluem, a partir dessas constatações, que as empresas podem atrair e reter pessoas talentosas se prestarem atenção àquilo que chamam de "Employee Value Proposition" (EVP), ou "Proposição de Valor do Funcionário". EVP é o equivalente, no trabalho, da proposição de valor que toda empresa, conscientemente ou não, oferece aos seus clientes: uma medida de valor percebido para um determinado custo. Eles sugerem que, se uma empresa quiser ter mais êxito em atrair e reter talentos, ela deverá avaliar e reforçar sua proposição de valor para os funcionários:

> *Para criar uma proposição de valor convincente para os funcionários, uma empresa precisa proporcionar os elementos essenciais que os gerentes procuram — trabalho estimulante, uma boa empresa, remuneração atraente e oportunidades de desenvolvimento. Algumas regalias a mais, roupas informais ou planos de saúde mais generosos não fazem a diferença entre um EVP baixo e um alto. Se você quiser reforçar substancialmente o EVP da sua empresa, esteja preparado para mudar coisas fundamentais, como a estratégia de negócios, a estrutura da organização, a cultura e até mesmo a qualidade dos líderes.*[7]

Embora os dados nos quais Michael e outros baseiam suas conclusões se concentrem em gerentes e executivos, é provável que outros funcionários reajam de forma semelhante.

Por que as pessoas deixam a empresa

As pessoas também deixam a empresa por muitas razões diferentes, mas principalmente porque uma ou mais das condições acima estavam ausentes desde o início ou foram eliminadas posteriormente. Por exemplo:

- **Muda o comando da empresa.** Ou a qualidade das decisões da gerência piora, ou novos líderes — em quem os funcionários ainda não confiam ou com quem não se sentem à vontade — assumem o comando.

FIGURA 3.3
O que os gerentes procuram

Percentagem de entrevistados que consideram o item fundamental na escolha da empresa em que querem trabalhar e ficar

	Trabalho estimulante	
✓	**Trabalho interessante e desafiador**	**59%**
✓	**Trabalho apaixonante para mim**	**45%**
	Sou ouvido e posso influir nas decisões	41%
	Tomo iniciativas e o sucesso é meu	40%
	Tenho impacto na empresa	35%
	Liberdade e autonomia	31%
	Participo de decisões estratégicas	22%
	Incentivado a inovar	22%

	Desenvolvimento	
✓	**Oportunidades de progresso na carreira**	**37%**
✓	**Compromisso comigo a longo prazo**	**35%**
✓	**Desenvolver aptidões para melhorar a carreira**	**35%**
✓	**Altos gerentes comprometidos comigo**	**30%**
✓	**Funcionários com alto desempenho**	**28%**
	Feedback freqüente	17%
	Recebo orientação útil	16%
	Treinamento permanente	14%

	Estilo de vida	
	Posso cumprir meus compromissos pessoais/familiares	51%
	Vivo numa cidade e região agradáveis	34%
	Ritmo de trabalho razoável	11%
	Flexibilidade de horário e de local de trabalho	9%

	Boa empresa	Percentual
✓	**A empresa é bem gerenciada**	**48%**
✓	**Bom relacionamento com meu chefe**	**43%**
✓	**Gosto da cultura e dos valores**	**39%**
✓	**Confio na alta gerência**	**38%**
	Não sou atrapalhado por burocracia	30%
✓	**Um chefe que admiro**	**26%**
	Setor estimulante e interessante	24%
	Indústria tem perspectivas de crescimento	22%
	Os produtos fazem diferença	21%
	Empresa tem bom desempenho	21%
	Funcionários têm alto desempenho	19%
	Reputação da empresa	17%
	Camaradagem com colegas	13%
	Contribuição além do lucro	9%
	Pessoas com *backgounds* diversos	8%
	Impacto positivo sobre a sociedade	6%

	Riqueza e recompensas	
✓	**Sou reconhecido e recompensado por minha contribuição individual**	**39%**
✓	**Oportunidade substancial para criação de riqueza**	**36%**
✓	**Funcionários com alto desempenho recebem mais**	**31%**
✓	**Bônus anual é alto**	**26%**

✓ Os itens em negrito compõem os elementos que têm uma relação causal forte com a satisfação.

Fonte: McKinsey & Co., "War for talent 2000 survey," reproduzido com autorização.

- **Conflito com superiores imediatos.** As pessoas também podem sair quando seu relacionamento com os chefes se torna estressante ou problemático, e elas não vêem nenhuma outra opção na empresa. (Veja mais sobre este assunto em "Gerentes e supervisores são vitais".)
- **Amigos íntimos saem.** Um ou mais colegas de quem um funcionário gosta particularmente e por quem tem respeito deixam a empresa, rompendo assim uma associação muito importante para ele.
- **Uma mudança desfavorável de responsabilidades.** As responsabilidades do cargo de uma pessoa mudam e com isso o trabalho deixa de ser atraente para seus interesses mais profundos, ou perde significado e estímulo.

Talvez o ponto número um que se deve ter em mente quando se pensa a respeito do motivo que faz as pessoas saírem seja este: quase sempre as pessoas saem pelos motivos errados. Isto é, saem sem entender realmente por que estão insatisfeitas, ou *que* oportunidades para melhorar a situação podem existir na empresa. Assim, elas pulam de empresa para empresa, cometendo sempre o mesmo erro. Considere este exemplo:

> *Um engenheiro é promovido para um cargo gerencial por seu bom desempenho e pelo tempo de casa. Esta pessoa pode nem gostar de ser gerente. Mas como ainda não identificou seus mais profundos interesses profissionais, ela não faz a ligação entre seu novo papel e sua insatisfação. Em vez disso, ela conclui que simplesmente não gosta mais da empresa — e começa a procurar outro emprego.*
>
> *Infelizmente, quando ela acha outro emprego, provavelmente será outro cargo gerencial. Ela trabalhará nesse lugar por algum tempo antes de perceber que ainda está insatisfeita — e neste ponto decidirá que a nova empresa também não é adequada para ela.*

Os gerentes de nível médio parecem repetir este padrão mais do que qualquer outro grupo de funcionários.

Gerentes e supervisores são vitais

Você pode ter salário e benefícios fantásticos, políticas favoráveis aos funcionários e todas as outras coisas que geram lealdade e retenção, mas algumas maçãs podres podem estragar todas as outras. Especificamente, um mau gerente pode neutralizar todo esquema de retenção existente. Os pesquisadores do Gallup Marcus Buckingham e Curt Coffman fazem a seguinte afirmação:

> *Os gerentes dominam as empresas. Não é que... as iniciativas centradas nos funcionários não sejam importantes. É que seu superior imediato é* mais *importante. Ele define e invade seu ambiente de trabalho.... Se o seu relacionamento com seu gerente for problemático, então nada que a empresa possa fazer irá convencê-lo a ficar e ter bom desempenho. É melhor trabalhar para um bom gerente numa empresa antiquada do que para um gerente terrível numa empresa que oferece uma cultura esclarecida e centralizada na empresa.*[a]

Beth Axelrod, Helen Handfield-Jones e Ed Michaels, da McKinsey & Company, chegaram a uma conclusão semelhante a respeito de maus gerentes, que eles descrevem como "funcionários C". "Manter os funcionários C em cargos de comando reduz o padrão para todos — um claro perigo para qualquer empresa que queira criar uma cultura centrada no desempenho. Funcionários C contratam outros funcionários C, e sua presença continuada desestimula as pessoas à sua volta, torna a empresa um lugar menos atraente para pessoas extremamente talentosas e põe em dúvida o critério dos chefes mais graduados".[b] (Ve-

[a] Marcus Buckingham e Curt Coffman, *First, break at the rules* (Nova York: Simon & Schuster, 1999), 34.
[b] Beth Axelrod, Helen Handfield-Jones e Ed Michaels, "A new game for C players," *Harvard Business Review* 80, nº 1 (janeiro de 2002): 83.

remos mais sobre funcionários C e como lidar com eles em capítulo posterior.)

Embora muitos possam dizer que em retenção o que importa é a cultura da empresa, a cultura das unidades operacionais é o que realmente importa para as pessoas que nelas trabalham. Se o chefe é um simplório ou um incompetente, os melhores funcionários irão sair.

Duas campeãs de retenção de talentos

A maioria das pessoas reconhece a Southwest Airlines como uma empresa de grande sucesso. Num setor assolado por greves, fusões desesperadas e grandes prejuízos, a SWA, sediada no Texas, exibe trinta anos consecutivos de lucros — algo que nenhuma outra grande empresa aérea pode fazer. Menos conhecido é o fato do índice de rotatividade de pessoal da SWA estar pouco acima de 4%, a metade das suas concorrentes. É evidente que as pessoas que entram para a SWA gostam do seu trabalho e nele permanecem, reduzindo os custos de recrutamento e treinamento da empresa. E o moral elevado dos funcionários se reflete nos clientes, fazendo deles usuários satisfeitos e leais.

O forte relacionamento da SWA com seus funcionários é o legado de Herb Kelleher, que criou um local de trabalho centrado nos funcionários, baseado em informalidade, camaradagem, trabalho em equipe e dedicação à satisfação dos clientes. Assim como diferenciou seu produto com sua estratégia de negócios (preços baixos, serviços mínimos, pontualidade), ele diferenciou a proposição de valor da SWA para os funcionários. Estudos do ambiente de trabalho da SWA indicam que ela prospera com base nas qualidades que já identificamos em "por que as pessoas ficam" — orgulho da organização, supervisores compatíveis, remuneração justa, associação e trabalho significativos.

Também com um índice de rotatividade de pessoal pouco superior a 4%, o SAS Institute é outro campeão de retenção. Sua baixa rotatividade é ainda mais notável, uma vez que o SAS atua no ramo de desenvolvimento de *software*, onde a rotatividade geralmente está na faixa de 20 a 25%. A maioria dos seus mais de 8.000 funcionários poderia deixar o emprego e achar outro em pouco tempo — e provavelmente com salário melhor. Mas eles não saem.

O segredo do SAS para a retenção dos funcionários é um ambiente de trabalho que poucas empresas sequer tentariam negociar. A revista *Fast Company* publicou há alguns anos uma matéria sobre o SAS descrevendo-o como "Sanity Inc.," um lugar tranqüilo e humano em um mundo de alta pressão.[8] O ambiente de trabalho do SAS tem muitas características que os funcionários parecem valorizar bastante: salas individuais para todos, horários de trabalho flexíveis e programas que ajudam os funcionários a integrar suas responsabilidades profissionais e familiares, um consultório médico no local de trabalho e licença ilimitada em casos de doença. Os pais podem usar a creche da empresa e até almoçar com os filhos. Um fato incomum é que a sede da empresa em Cary, Carolina do Norte, fecha às seis da tarde.

Seria fácil depreciar a abordagem da SAS por ser generosa e estúpida demais para ser sustentável na competitiva indústria de *software*. Mas a empresa possui um longo histórico de crescimento e lucratividade. Seus grandes gastos com programas favoráveis aos funcionários não saem dos lucros potenciais, mas sim dos milhões que seriam gastos com a rotatividade de pessoal se os programas não existissem. A empresa calculou o que economiza com sua baixa rotatividade (em comparação com as concorrentes) e usou essas economias para financiar um estilo de vida e de trabalho melhor para todos. Calculando que ela economize algo entre US$ 50 milhões e US$ 70 milhões por ano em custos de rotatividade de pessoal, a SAS estima que pode gastar de seis a oito mil dólares por funcionário em melhorias no local de trabalho. E ela ganha ainda mais quando se calcula a maior produtividade de equipes que permanecem juntas, o conhecimento que permanece na empresa e os laços que ligam os clientes aos funcionários.

Gerenciar para a retenção de talentos: uma visão geral

Então, o que podem fazer os gerentes para manter o maior número possível de bons funcionários? Aqui está uma lista que abrange a maior parte dos casos. Entraremos em mais detalhes sobre muitos desses pontos em outra parte deste livro.

1. **Faça com que as pessoas comecem bem.** Isto tem início com a contratação de pessoas adequadas aos seus cargos e garantindo que elas compreendam onde estão entrando (em termos da cultura da empresa e também de aspectos específicos das descrições de seu cargo). Um bom começo também inclui a orientação dos novos funcionários para que eles se sintam bem-vindos e membros do grupo.

2. **Crie um bom ambiente — com chefes que as pessoas respeitam.** Muitas vezes os gerentes supõem que as políticas e a cultura da empresa determinam o ambiente de trabalho. Elas o fazem, até certo ponto. Mas as políticas podem ser evitadas. De qualquer modo, a atmosfera de um departamento ou unidade é mais importante para os funcionários individualmente do que a cultura da empresa como um todo. Como está sua empresa neste aspecto?

   Maus chefes não contribuem para um bom ambiente. Quantos gerentes ou supervisores da sua unidade são desagradáveis para seus subordinados? Quantos têm acessos de mau humor, repreendem subordinados em público, culpam os outros pelos seus próprios fracassos ou nunca dizem "Obrigado, você está fazendo um bom trabalho"? Se os seus gerentes ou supervisores são desagradáveis, você pode ficar certo de que todos os funcionários com boas qualificações sairão da sua empresa.

   No final, é melhor substituir maus gerentes e supervisores do que substituir um número infindável de funcionários.

3. **Transmita informações.** A comunicação livre de informações — a respeito da empresa, do desempenho financeiro, de estratégias e planos — mostra aos funcionários que você confia neles, que eles são parceiros importantes e

que você respeita sua capacidade de compreender e colaborar com a empresa como um todo.

4. **Dê às pessoas o máximo possível de autonomia.** Muitas pessoas gostam de trabalhar com um mínimo de supervisão. Assim, dê a elas toda a autonomia possível. Isso irá deixá-las satisfeitas e facilitará seu trabalho de gerente. Faça com que uma equipe saia em campo para explorar um novo mercado ou resolver um problema de negócios. Caso seja viável, separe toda uma unidade de negócios e deixe que seus membros trabalhem por conta própria.

5. **Faça com que as pessoas se esforcem.** Quase todas as pessoas — particularmente aquelas que você mais quer reter — gostam de desafios e de sentir que você lhes confiou responsabilidades maiores do que elas tinham o direito de esperar. Assim, coloque as pessoas que você mais deseja reter em cargos que farão com que elas se esforcem — e dê-lhes o apoio de que necessitam para serem bem-sucedidas.

6. **Seja flexível.** Uma pesquisa realizada pela Ceridian Explorer Services (em Minneapolis) confirmou aquilo que os gerentes experimentados já sabiam: acordos flexíveis de trabalho têm muito êxito na retenção de funcionários. Quase dois terços dos entrevistados pela Ceridian disseram que equipes virtuais, planos de trabalho flexíveis e o trabalho em casa eram eficazes para aumentar a retenção. É claro que nem todo gerente tem autoridade para criar acordos de trabalho inteiramente novos. Mas quase todos podem permitir certa flexibilidade, deixando que os funcionários reorganizem o trabalho para cuidar, por exemplo, de um filho doente, ou para consultar um médico. Os atormentados funcionários de hoje dão muito valor a este tipo de flexibilidade.

7. **Conceba cargos que incentivem a retenção.** Nada é mais desalentador para um funcionário inteligente do que um trabalho excessivamente repetitivo e isolado, pouco desafiador ou simplesmente desagradável. Assim, caso você veja uma rotatividade de pessoal inaceitavelmente elevada numa categoria

de trabalho decisiva, faça um bom exame daquilo que você está pedindo que as pessoas nessa categoria façam todos os dias. Você poderá eliminar o problema de rotatividade de pessoal por meio da reformulação da função: acrescentando variedade a um trabalho repetitivo, envolvendo funcionários isolados em projetos de equipe temporários, aumentando os desafios, e assim por diante. Caso um trabalho envolva uma ou mais tarefas desagradáveis, considere a possibilidade de eliminá-las ou terceirizá-las.

8. **Identifique antecipadamente os possíveis desertores.** Bons ambientes de trabalho e bons cargos são uma questão de opinião; aquilo que desafia uma pessoa pode aterrorizar outra. Você não saberá se está indo bem por qualquer critério, a menos que pergunte.

   Como gerente, você habitualmente interage e troca idéias com seus subordinados diretos. Pense em acrescentar a "detecção de deserções" a essas comunicações. Isso irá ajudá-lo a identificar os possíveis desertores a tempo de tomar medidas preventivas eficazes. Faça uma "entrevista de permanência" perguntando aos funcionários como eles se sentem a respeito de suas atribuições, das políticas da empresa e do ambiente de trabalho. Pergunte a respeito de metas individuais, se eles se sentem incluídos ou excluídos pela cultura da empresa e o que faria com que eles ficassem na empresa. Para conhecer uma ferramenta interativa sobre a condução de uma entrevista de permanência, visite www.elearning.hbsp.org/businesstools. A Hartford Life inicia este processo seis meses depois que um funcionário é contratado, com uma sessão formal em que perguntam o que os funcionários pensam a respeito da empresa. (Veja mais informações a respeito deste processo em "Dicas para detectar possíveis desertores".)

   Com isso, você receberá *feedback* sobre seu desempenho como gerente. A Arrow Electronics usa um "*feedback* de 360 graus", monitorado pelo CEO, para determinar se seus gerentes estão de fato proporcionando o *feedback* e a orientação que deveriam.

9. **Seja um gerente orientado para a retenção.** Nunca se esqueça de que uma parte da sua responsabilidade como gerente é garantir que sua unidade te-

nha o pessoal adequado. Reter pessoas de desempenho bom e excelente faz parte desse trabalho. Assim, analise como você gerencia as pessoas e como organiza o fluxo de trabalho. Você é o tipo de chefe que gerencia de modo a incentivar os melhores funcionários a ficarem ou está inconscientemente mandando-os embora?

Dicas para detectar possíveis desertores

Alguns dos seus funcionários estão pensando em deixar a empresa? B. Lynn Ware, fundador da firma de consultoria ITS, Inc., especializada em retenção, aconselha os clientes a procurar por sinais iniciais de insatisfação ou descontentamento entre eles:

- mudanças de comportamento, como chegar atrasado ou sair antes da hora;
- queda no desempenho;
- reclamações repentinas de uma pessoa que não costumava reclamar;
- referências favoráveis a outras empresas (por exemplo, "ouvi falar daquele sujeito que recebeu um bônus de US$ 30.000 para ir trabalhar na Companhia XYZ");
- comportamento retraído (por exemplo, um funcionário que sempre participou de reuniões ou foi voluntário em projetos, de um momento para outro se retrai ou se limita a fazer o essencial); e
- conversas a respeito de "esgotamento psicológico".

Caso você identifique qualquer um desses sinais de alerta, cuide dele imediatamente. Faça uma reunião com o funcionário o mais cedo possível. Tente identificar a origem do problema. Deixe claro que você lhe dá valor como funcionário e pergunte como vocês podem trabalhar em conjunto para criar uma experiência de trabalho melhor.

Fonte: "Employee retention: what managers can do", *Harvard Management Update*, abril de 2000.

Resumo

Este capítulo descreveu questões importantes relacionadas à retenção de funcionários e destacou maneiras pelas quais os gerentes podem atuar. Em particular:

- A retenção é importante porque a rotatividade de pessoal cria custos de substituição e está claramente associada a baixos níveis de satisfação dos clientes, à sua lealdade e a perdas de receitas.
- A retenção é particularmente problemática hoje em dia, devido a vários fatores — especialmente o envelhecimento da força de trabalho e o desequilíbrio cada vez maior entre oferta e demanda de pessoal qualificado. Além disso, os trabalhadores de hoje têm expectativas diferentes a respeito do equilíbrio entre trabalho e vida pessoal.
- As pessoas permanecem com seus empregadores quando vêem a organização como fonte de orgulho, quando respeitam seus superiores, quando são remuneradas de forma justa e quando acham que seu trabalho é importante.
- As pessoas procuram lugares melhores quando o comando muda desfavoravelmente, quando estão em conflito com seus superiores imediatos, quando amigos íntimos deixam a empresa e quando suas responsabilidades mudam de maneira que não os favorecem.
- Os gerentes podem exercer influência seguindo os nove pontos de "Gerenciar para a retenção de talentos" expostos neste capítulo.

4

A retenção de talentos levando em conta o mercado

Competindo na guerra por talentos

Principais tópicos abordados neste capítulo

- *Diferenciação entre funcionários em termos de valor econômico para a organização*
- *Sete estratégias baseadas no mercado para melhorar a retenção*

TODA GRANDE ORGANIZAÇÃO tem funcionários com desempenhos baixo, médio e alto. Mesmo assim, a maioria dos programas de retenção das empresas — que são normalmente de implementação dispendiosa — não fazem diferenças entre eles. Ao mesmo tempo, toda organização está sujeita às forças do mercado de mão-de-obra, sobre o qual ela tem pouco ou nenhum controle. É provável que haja um "mercado de comprador" para algumas categorias profissionais e um "mercado de vendedor" para outras. Assim, uma empresa precisa fazer o possível para identificar que funcionários — ou segmentos de funcionários — representam o maior valor para a organização e aplicar seus recursos de modo a otimizar sua retenção em um mercado livre de mão-de-obra.[1]

Nem todos os funcionários têm valor igual

Os profissionais de recursos humanos que atuam na área de contratação e retenção não ignoram que o mercado de mão-de-obra, como todos os mercados, está sujeito às leis da oferta e da procura. Eles também conhecem o custo da reposição de pessoal. Mas esses conhecimentos nem sempre são usados nos esforços e programas de retenção. A este respeito, eles poderiam se beneficiar da experiência dos seus colegas do departamento de marketing.[2]

O pessoal de marketing sabe que alguns clientes — identificados genericamente como segmentos de clientes — são mais valiosos do que outros para a organização. Da perspectiva do marketing, várias qualidades os tornam economicamente mais valiosos:

- eles gastam mais com os produtos da empresa
- compram produtos com alta margem de lucro para a empresa
- permanecem como clientes por um longo período
- precisam de relativamente menos incentivos para permanecer leais

Por exemplo, se você trabalhasse numa operadora de cartões de crédito, qual destes clientes você acharia mais valioso:

> *Helen é uma profissional com renda alta e grande patrimônio. Ela viaja com freqüência a negócios e a lazer, pagando as passagens, refeições, hospedagem em hotéis e aluguel de carros com cartão de crédito. Helen também tem milhares de dólares para emergências na conta da operadora do seu cartão de crédito, embora esta pague somente cerca de 2,5% de juros. Ela usa o mesmo cartão de crédito há quinze anos e não precisa de descontos especiais ou outros incentivos para continuar a usá-lo. Seus dois filhos universitários também usam o mesmo cartão.*
>
> *Herb tem renda moderada e um patrimônio modesto. Ele usa seu cartão para compras* online, *compras em geral e em restaurantes. Sempre que acumula um saldo devedor que não consegue pagar em poucos meses, Herb o transfere para a operadora que lhe oferecer um prazo especial de seis meses a juros baixos. Quando esse período termina, ele muda novamente para a operadora que lhe oferecer um acordo especial.*

Do ponto de vista do marketing, Helen é uma cliente valiosa, ao passo que Herb tem valor econômico negativo. Os bons profissionais de marketing aprendem a diferenciar pessoas como essas e visam ao segmento representado por Helen e, uma vez conquistados esses clientes valiosos, eles não habitam em gastar dinheiro com coisas que irão mantê-los leais. Para eles, é um dinheiro bem gasto.

O dinheiro gasto com tentativas de conquistar e reter Herb e o segmento que ele representa em geral é desperdiçado.

Usamos como exemplo uma operadora de cartões de crédito, mas poderíamos ter usado outra empresa: uma corretora de valores, uma revista com venda por assinatura, um serviço de telefonia celular, um serviço de telefonia interurbana, um provedor de acesso à Internet, um banco. Em cada caso, vale a velha regra de 80/20, em que 20% dos clientes geram 80% dos lucros. Os bons profissionais de marketing aprendem a identificar o segmento lucrativo de 20% e nele concentram seus esforços de retenção de clientes.

É provável que você não veja a mesma abordagem orientada para o mercado no modo como sua empresa lida com seus problemas de retenção de funcionários. As avaliações de desempenho permitem identificar os funcionários que adicionam mais valor; contudo, os esforços de retenção raramente são dirigidos para essas pessoas de alto desempenho. É verdade que são dados bônus por mérito e que as pessoas são promovidas se trabalham bem, mas as estruturas salariais raramente diferem muito entre pessoas que estão nas mesmas categorias profissionais (ajustadas por tempo de serviço), embora os seus níveis de produtividade possam ser muito diferentes.

Em um artigo para a *Harvard Business Review*, Peter Cappelli destaca a UPS como exemplo de como uma empresa diferenciou com sucesso dois grupos de funcionários, com o objetivo de melhorar a retenção do grupo de maior valor para a empresa.[3] Na verdade, a empresa transferiu a rotatividade de pessoal do segmento de funcionários de alto valor e difíceis de substituir para um segmento de substituição e treinamento fáceis.

> *A UPS reconheceu que os motoristas têm algumas das qualificações mais importantes no ramo de entregas. Eles conhecem as idiossincrasias das rotas e têm relacionamento direto com os clientes. Encontrar, selecionar e treinar um motorista substituto são tarefas demoradas; um novo motorista pode levar meses para aprender os detalhes de uma determinada rota. Quando a UPS estudou os motivos pelos quais seus motoristas iam embora, descobriu que grande parte da rotatividade podia ser atribuída à tediosa e exaustiva tarefa de carregar os pacotes*

no início de uma viagem. Assim, ela tirou dos motoristas a tarefa de carregamento e a transferir para um novo grupo de trabalhadores. A rotatividade de motoristas caiu drasticamente.

É claro que a rotatividade nos novos empregos de carregamento chega a espantosos 400% ao ano. Mas isso não importa. Com altos salários e baixas exigências de qualificação, as vagas para a função de carregador são facilmente preenchidas, normalmente com estudantes e trabalhadores em tempo parcial, e as tarefas são fáceis de aprender.

Dicas para identificar funcionários e segmentos de funcionários de alto valor

Os gerentes passam tanto tempo apagando incêndios e lidando com problemas que nem sempre dedicam muito tempo e atenção à tarefa de determinar que funcionários representam o maior valor para suas operações. Assim, faça para a sua unidade uma lista das pessoas que:

- representam liderança formal ou informal aos outros,
- criam coerentemente resultados excelentes,
- contribuem com novas idéias práticas e valiosas,
- exigem pouca ou nenhuma supervisão para realizar suas tarefas,
- facilitam o trabalho dos outros,
- possuem conhecimentos ou qualificações únicas, e sua substituição seria dispendiosa e demorada, e
- poderiam prejudicar muito a empresa caso se transfiram para seus concorrentes diretos.

Em geral os gerentes dão menos atenção aos *segmentos* de funcionários que são mais essenciais. Então, pense a respeito dos segmentos de funcionários da sua operação que:

- são essenciais para a atividade, mas são escassos,
- criam a maior perturbação quando deixam a empresa,
- são mais caros para recrutar e treinar,
- controlam as ligações da empresa com os clientes, e
- atuam como núcleos importantes de transmissão de informações na empresa.

Depois que forem identificados os funcionários e segmentos de funcionários que têm o mais alto valor, certifique-se de que eles recebam a maior parte dos recursos e da atenção para sua retenção.

Neste caso, a UPS estava menos preocupada com seu índice geral de retenção do que com a retenção de determinadas pessoas de substituição dispendiosa e que adicionavam um valor substancial por meio de sua interface direta com os clientes. Ela identificou um segmento fundamental de funcionários e tomou providências para retê-los, mesmo que isso tornasse mais difícil a retenção de um segmento de menor valor.

Agora pergunte a você mesmo:

- Quais são os segmentos de funcionários mais valiosos para minha empresa (unidade)? (Veja "Dicas para identificar funcionários e segmentos de funcionários de alto valor.")
- Que segmentos de funcionários são menos valiosos e/ou podem ser facilmente substituídos e treinados?

- Como nossos atuais recursos de retenção são alocados em relação a esses segmentos tão diferentes?

Nenhuma empresa tem total liberdade a respeito de como e até que nível pode alocar seus esforços de retenção. Diferenças drásticas de remuneração entre funcionários podem criar atritos e ressentimentos entre pessoas que precisam trabalhar juntas. Acordos trabalhistas e regulamentos do governo também impedem algumas abordagens baseadas no mercado. Por exemplo, os estatutos sobre planos de aposentadoria não toleram diferenças nos termos de participação nos planos ou nas contribuições baseadas em porcentagens da remuneração. Mesmo assim, há estratégias para manter os melhores funcionários ou, pelo menos, mantê-los por mais tempo. Trataremos delas a seguir.

Estratégias de retenção baseadas no mercado

Cappelli sugere várias estratégias práticas de retenção que reconhecem as realidades do mercado e as diferenças de valor entre os segmentos de funcionários: novos planos de remuneração, reformulação de cargos, cargos sob medida, fortalecimento dos laços sociais e contratação de pessoas com menos mobilidade. Vincular os possíveis desertores a oportunidades de emprego internas é outro importante instrumento de retenção.

Novos planos de remuneração

A maioria das pessoas bem informadas dá pouca importância à remuneração como estratégia de retenção. Ela é importante no sentido de que não se pode recrutar ou reter funcionários desejáveis caso eles considerem sua remuneração injusta ou não competitiva. Até mesmo as pessoas que são mais dedicadas às suas profissões do que ao dinheiro vêem sua remuneração como um indicador do valor dado pela organização às suas contribuições e à sua capacidade. Caso se sintam desvalorizadas, elas sairão. (Veja "Dicas para uma remuneração correta".)

E a remuneração também não é uma motivação confiável. Anos atrás, Frederick Herzberg, o decano da motivação, constatou que os incentivos habitualmente usados pelos empregadores para motivar — inclusive aumentos salariais — produzem, na melhor das hipóteses, melhoras temporárias de desempenho.[4]

Basta examinar as "campeãs de retenção" mostradas no capítulo anterior para verificar a utilidade limitada da remuneração como instrumento motivacional e de retenção. A Southwest Airlines é uma das últimas da lista do seu setor em termos de salário inicial (embora ele melhore em relação às concorrentes com o tempo de casa). Mesmo assim, os funcionários da SWA são altamente motivados a agir de acordo com a estratégia da empresa e a rotatividade de pessoal equivale à metade do índice do setor de aviação comercial como um todo. Ao mesmo tempo, o SAS Institute, a empresa de *software*, tem uma rotatividade equivalente a um quarto do índice do seu setor, embora os salários que pague não sejam mais altos do que os das concorrentes. E ao contrário dos funcionários da maioria das outras empresas de alta tecnologia, os da SAS não recebem opções de ações.

SWA e SAS não são casos únicos. O limitado valor da remuneração como instrumento de retenção é confirmado por vários estudos. Um deles é uma pesquisa feita nos locais de trabalho em 1999 pela American Management Association em conjunto com a Ernst & Young, seguindo a qual a remuneração perdia para a maioria dos outros fatores de retenção de funcionários.[5] Outras estratégias têm nitidamente maior impacto sobre a retenção.

Peter Cappelli oferece os seguintes conselhos para uma remuneração que leve em conta o mercado:[6]

- Pague um extra aos funcionários com qualificações raras e vitais. Isto os mantém na empresa em períodos críticos — por exemplo, nos estágios finais do projeto de um produto-chave. Interrompa os pagamentos extras quando as qualificações se tornarem mais comuns ou menos importantes para sua empresa.

- Pague os bônus pela assinatura do contrato de admissão em etapas — por exemplo, distribua o bônus do novo CEO ao longo de cinco anos.

Dicas para uma remuneração correta

A remuneração é realmente importante. Mas como fator de retenção, ela é uma das mais fáceis de solucionar — muito mais que a cultura da empresa. Aqui estão algumas estratégias para uma remuneração correta:

Descubra que salários seu setor está oferecendo. Você pode fazer isso contratando uma firma de consultoria em remuneração e benefícios — ou tentando estas opções mais acessíveis:

- acompanhe os anúncios classificados na Internet;
- forme redes de informação com membros de firmas de recursos humanos;
- consulte entidades de classe.

Examine as disparidades salariais internas. Certifique-se de que a remuneração para cada cargo é mais ou menos equivalente à de cargos semelhantes na organização.

Não suponha que você precise gastar mais que seus concorrentes. Certifique-se apenas de que pode satisfazer as necessidades mais importantes dos funcionários.

Reformulação de cargos

A reformulação de cargos é outra estratégia de retenção, como deixou claro o exemplo da UPS já mencionado. Se você puder identificar os elementos que criam satisfação e insatisfação em um determinado cargo, poderá retirar todas as tarefas que causam descontentamento e entregá-las a outras pessoas que gostem desse trabalho. A terceirização de tarefas indesejadas é outra solução, praticada em graus variados por todas as empresas. Por exemplo, as grandes corretoras de valores mobiliários de Wall Street não pedem que seus operadores e funcionários administrativos limpem os banheiros e passem aspirador nos carpetes antes de irem para casa à noite. Elas terceirizam essas tarefas para firmas de limpeza. Sua empresa faz o mesmo.

Assim, se você tiver uma rotatividade inaceitável de pessoas em cargos vitais, cujo preenchimento é difícil e caro, coloque cada uma delas sob um microscópio e pergunte:

- Quais as atribuições do cargo que geram insatisfação nos funcionários? (Pergunte isso diretamente a vários funcionários.)
- Se separarmos as tarefas indesejadas do cargo, teremos de acrescentar outras para continuar a ser um cargo "completo"? E quais seriam elas?
- Supondo que alguém precisa desempenhar as tarefas indesejadas, que alternativas existem para isso?
- O que custa mais caro para a organização: a reformulação do cargo (e suas conseqüências) ou o atual índice de rotatividade nesse cargo?

Os psicólogos Timothy Butler e James Waldroop, diretores de programas de desenvolvimento de carreiras de MBA na Harvard Business School, têm usado a expressão "esculpir cargos" para descrever sua própria forma de desenhar cargos.[7] Sua recomendação é conceber cargos que atendam aos "interesses de vida profundamente arraigados", que já identificamos neste livro (aplicação de tecnologia, análise quantitativa, aconselhamento e orientação etc.). Por exemplo, um engenheiro competente com um profundo interesse em aconselhamento pode ser solicitado a planejar e a gerenciar a orientação de engenheiros recém-contratados. Um vendedor com interesse em análise quantitativa pode receber novas atribuições trabalhando com os analistas de pesquisa de mercado da empresa. Entretanto, a escultura eficaz de cargos só é possível quando os gerentes fazem perguntas e ouvem atentamente aquilo que seus funcionários lhes dizem a respeito dos seus reais interesses.

Cargos sob medida

Quase sempre as empresas procuram *adequar as pessoas aos cargos*. Suas descrições de cargos e rotinas de trabalho especificam tarefas e expectativas de desempenho e ditam onde, quando e como o trabalho será executado. Espera-se que as pessoas se adaptem às descrições que-onde-como, que, na realidade, podem ser bastante arbitrárias.

A adequação da pessoa ao cargo em geral não atende ao principal interesse do funcionário, que é adequar o trabalho à sua situação de vida e aos seus planos futuros. Assim, quando a oferta e a procura no mercado de trabalho favorecem o funcionário, as empresas devem pensar nos funcionários atuais e potenciais como "clientes" e fazer um esforço para reconhecer e satisfazer as necessidades deles. O cargo sob medida pode ser um método poderoso para conseguir isso.

Para avaliar o poder deste método, considere o setor de produtos e serviços da economia. Nesta área, os mercados competitivos têm obrigado as empresas a proporcionarem um certo nível de personalização daquilo que vendem. O Burger King permite que os clientes tenham os pratos "À maneira deles". A Levi's permite que os compradores personalizem qualquer um dos seus jeans padrão, ou que criem peças únicas a partir do zero. A Dell, a mestra da personalização, derrotou suas rivais com uma estratégia de "feito sob medida" para computadores pessoais, ao passo que seus concorrentes montam e oferecem PCs padronizados. Essa estratégia foi o caminho da vitória em um mercado extremamente competitivo. A personalização é um instrumento poderoso em qualquer mercado comprador — inclusive no mercado de mão-de-obra. Para criar um cargo sob medida para satisfazer as necessidades da empresa e também dos funcionários, pense a respeito do *que*, *onde* e *como* desse cargo. O *que* pode ser abrangido por meio do redesenho do cargo. *Onde* o trabalho é executado pode envolver um certo nível de "trabalho a distância", ou a partir de um local satélite. O *como* do trabalho pode ser alterado — e possivelmente melhorado — pelo exame dos processos específicos do trabalho.

Fortalecimento dos laços sociais

Os registros de guerra estão repletos de histórias comoventes de heroísmo e sacrifício por parte de combatentes. Soldados que se atiram sobre granadas para salvar seus camaradas. Médicos rastejando sob fogo para chegar até os feridos. Combatentes com ferimentos que lhes dariam o direito de voltar para casa fugindo de hospitais e voltando à linha de frente para lutar ao lado dos amigos.

O que motiva este tipo de comportamento altruísta? Normalmente não é "a causa", nem "o exército". O que motiva estes atos heróicos é, mais freqüentemente, a ligação com as pessoas e o fato de terem compartilhado experiências. Os militares descrevem essa ligação como uma "coesão de pequeno grupo". Essa coesão é forte e em geral supera qualquer fidelidade para com a instituição da qual faz parte o pequeno grupo.

Essa coesão, ou "laços sociais", como Peter Cappelli descreve esta dinâmica, é outra estratégia que você pode usar para melhorar a retenção de funcionários de valor em mercados carentes de talentos. "A lealdade às empresas pode estar desaparecendo", ele escreve, mas "a lealdade aos colegas, não. Incentivando o desenvolvimento de laços sociais entre os funcionários mais importantes, as empresas quase sempre conseguem reduzir de forma significativa a rotatividade de pessoal entre os trabalhadores cujas qualificações estão com grande demanda."[8]

Ele cita o caso bem-sucedido da Ingage Solutions, sediada em Phoenix, que mantém uma rotatividade anual de apenas 7% entre os engenheiros de *software*, profissionais de notável mobilidade, criando ligas de golfe, clubes de investimentos e equipes de softball. Essas iniciativas criam uma rede social e laços pessoais entre os colegas de trabalho. "Deixar a empresa", ele destaca, "significa deixar sua rede social de atividades patrocinadas pela empresa."

A reconfiguração de processos de trabalho lineares para processos baseados em equipes também pode criar laços sociais. Isto foi tentado inicialmente há muitos anos na Suécia pela Volvo, que eliminou seu método tradicional de produção em linha de montagem e transferiu a responsabilidade por grande parte da montagem para as equipes. A Nucor, cujos funcionários são os mais produtivos do setor siderúrgico, também organiza seu pessoal de produção em equipes coesas.

Contratos de menor mobilidade

A última sugestão de Cappelli para a retenção de pessoal em mercados de mão-de-obra aquecidos é contratar pessoas de segmentos desse mercado que estejam menos dinâmicos. "Quando as pessoas saem recrutando", diz ele, "elas quase sempre se concentram em atrair exatamente aqueles trabalhadores que serão mais difíceis de reter. Mudando seu foco para trabalhadores que podem executar o trabalho mas não estão em grande demanda, as organizações podem conseguir se proteger das forças do mercado."[9] Assim, antes de contratar alguém, dê atenção especial à experiência de trabalho, às qualificações, à formação escolar e ao talento inato que você *supõe* que um candidato de sucesso precisa ter. Você poderá descobrir que uma pessoa com menor dose dos requisitos acima — e com menor mobilidade no emprego — é capaz de fazer um bom trabalho. Este conselho pode não só ajudar a reter funcionários, como também salienta a forte relação entre contratação e retenção.

A utilização de pessoas menos qualificadas para preencher vagas pode exigir mais treinamento — que custa dinheiro — ou você poderá redesenhar os cargos. Mas, em cada caso, reflita sobre o custo de treinamento e/ou do redesenho do cargo em relação à menor probabilidade de custos de rotatividade de pessoal nesse cargo. Isso representa contratação e retenção, levando em conta o mercado.

Tire proveito do seu mercado interno de mão-de-obra

As oportunidades existentes em um mercado competitivo para talentos podem tirar os funcionários da empresa. Como a maioria das pessoas está em busca de oportunidades, certifique-se de que seus funcionários mais talentosos estejam cientes das oportunidades existentes dentro da própria empresa. Numa grande corporação sempre há grande probabilidade de os desertores em potencial poderem achar aquilo que estão procurando em outra unidade operacional ou em outro departamento. Assim, faça com que as vagas internas sejam divulgadas. Uma maneira de fazer isso é com um instrumento de busca de vagas internas *online*. Aqui estão sugestões a serem consideradas na criação desse instrumento:

- Certifique-se de que a linguagem e a apresentação do instrumento transmitam a mensagem de que "está certo procurar um novo cargo dentro da empresa". Uma nota pessoal do CEO no *site* pode ajudar neste aspecto. Faça com que as pessoas saibam que você quer que elas fiquem, seja nos cargos atuais ou em outros.
- Torne divertido o uso do instrumento. Acrescente gráficos, *links* com programas de treinamento, um programa de auto-avaliação e histórias sobre outros funcionários que fizeram carreira deslocando-se dentro da empresa.
- Personalize o instrumento. Por exemplo, permita que aqueles que procuram cargos registrem um ou mais "agentes pessoais de busca" (PSAs) que irão

notificá-los automaticamente via *e-mail* sempre que for divulgada uma nova vaga do interesse deles. Deixe que as pessoas preocupadas com o sigilo utilizem um endereço particular de e-*mail.*

Resumo

Este capítulo adotou uma abordagem "orientada para o mercado" e para a retenção de funcionários. Eis os pontos fundamentais a serem lembrados:

- Nem todos os funcionários têm o mesmo valor para a organização; alguns têm mais valor para o empreendimento do que outros.
- Como gerente, você deve identificar os indivíduos e os segmentos de funcionários de alto valor. Os escassos recursos para retenção devem ser destinados em primeiro lugar a esses dois grupos, já que uma alta rotatividade de pessoal em categorias menos valiosas e mais fáceis de recrutar provavelmente tem menos importância.
- A remuneração é importante em termos de retenção, mas uma remuneração "justa" em geral é suficiente. Você poderá usar acordos especiais de remuneração para resolver problemas de curto prazo.
- A reformulação de cargos, como no exemplo da UPS, pode ajudar na retenção de funcionários. Pela identificação dos elementos que criam satisfação e insatisfação em determinado cargo, às vezes é possível retirar inteiramente os elementos insatisfatórios e transferi-los para segmentos de funcionários menos fundamentais.
- A personalização de cargos, particularmente para pessoas e segmentos em grande demanda, pode ser um poderoso instrumento de retenção em um mercado de trabalho competitivo.
- Os laços sociais entre indivíduos baseados no trabalho podem reforçar indiretamente o compromisso do funcionário com a organização.

- Em alguns casos é possível melhorar a retenção recrutando deliberadamente pessoas cuja demanda está menor, embora isso possa resultar em custos maiores em treinamento.
- Por meio da ligação entre os funcionários propensos e as sair a oportunidades de trabalho dentro da própria organização, pode ser possível reduzir os índices de rotatividade de pessoal.

5

Desenvolvendo os talentos que você tem

Estratégias de treinamento e desenvolvimento

Principais tópicos abordados neste capítulo

- *Por que o treinamento e o desenvolvimento de carreira dos funcionários representam um dilema para os empregadores*
- *Abordagens formal e informal do treinamento de habilidades*
- *Por que o treinamento compensa, e sugestões para reduzir seus custos por meio do aprendizado* online
- *Os benefícios do desenvolvimento de carreiras para a retenção*
- *Como os orientadores criam vínculos entre os funcionários talentosos e suas empresas*
- *O que fazer com os "funcionários C"*

ATÉ AQUI, ANALISAMOS técnicas de contratação e várias estratégias para a retenção de funcionários. Se forem efetivamente implantadas, essas técnicas e estratégias podem garantir os ativos humanos de que uma empresa necessita para alcançar suas metas com eficácia. O desenvolvimento de funcionários é outra maneira de preencher cargos vagos com pessoas competentes. Uma alternativa ao recrutamento consiste na preparação de pessoas já pertencentes à organização para ocupar as vagas à medida que elas surgem.

O desenvolvimento de funcionários tem vários benefícios importantes para as empresas. Quando adequadamente administrado, ele:

- aumenta o valor dos ativos humanos da empresa, que são considerados os mais importantes em um número cada vez maior de setores;
- garante que pessoas competentes estarão preparadas e aptas a ocupar as vagas melhores quando elas surgirem;
- cria um grupo de pessoas que compreende a empresa e o setor, e estão preparadas para assumir cargos de comando à medida que a empresa crescer; e
- contribui para uma retenção efetiva.

Esse último ponto permite um detalhamento maior. Muitas pesquisas confirmam que o desenvolvimento de qualificações e de carreiras (as duas faces do desenvolvimento do funcionário) estão perto do topo da lista de características do local de trabalho que os valorizam. Como concluiu a Gallup Organization numa ampla pesquisa de 1999, "os trabalhadores americanos que recebem treinamento patrocinado pelo empregador estão mais satisfeitos com seus empregos".[1] E, como vimos, funcionários satisfeitos têm mais probabilidade de permanecer com você.

O dilema do desenvolvimento

Muitas empresas consideram o desenvolvimento de funcionários um bom investimento. Eles ficam mais informados e eficientes, o que, por sua vez, deixa os clientes mais satisfeitos. Mas outras empresas questionam o valor do desenvolvimento de funcionários na atual era de grande mobilidade entre empregos. "Quem", elas perguntam, "irá colher o benefício de todo esse dispendioso treinamento e desenvolvimento se a) formos obrigadas a demitir essas pessoas, ou b) elas nos trocarem por empregos em outros lugares? Mais precisamente, elas perguntam: "Estamos simplesmente pagando a conta do treinamento para outras empresas — talvez nossas concorrentes diretas?"

Essas perguntas salientam um dilema do treinamento e do desenvolvimento de carreiras. Por um lado, os investimentos em treinamento tornam os funcionários mais valiosos e mais satisfeitos com aquilo que obtêm no trabalho. Isto vale particularmente para os que trabalham em tecnologia e engenheiros, que reconhecem que seus conhecimentos ficam ultrapassados com o tempo. Por outro lado, os mesmos investimentos que tornam as pessoas mais valiosas também as tornam mais atraentes para os caçadores de talentos. Por exemplo, muitas das maiores corretoras de valores dos Estados Unidos têm há muito a fama de serem boas treinadoras de corretores de varejo. Depois de uma cuidadosa seleção, elas contratam pessoas com as qualidades para o ramo, fazem-nas passar por três ou quatro meses de treinamento intensivo em vendas e investimentos e em preparação de licenciamentos, e depois as colocam no trabalho do dia-a-dia de suas filiais em todo o país. Enquanto isso, muitas corretoras pequenas pouco ou nada gastam com treinamento. Em vez disso, elas ficam esperando que os "representantes registrados" recém-treinados aprendam os truques da profissão e conquistem clientes — e então tentam recrutá-los. É uma forma de conseguir bons funcionários a baixo custo.

O costume de roubar trabalhadores treinados por outros — ou "pegar carona" — faz com que algumas empresas desistam de investir em treinamentos que desenvolvam habilidades transferíveis (em oposição a "específicas para uma empresa"). No entanto, pesquisas realizadas pelo Bureau of Labor Statistics (BLS) indicam que o problema das empresas que pegam carona como impedimento ao treinamento é menor do que muitos supõem. Mais da metade de todas as empresas pesquisadas pelo BLS, incluindo mais de três quartos de grande porte, não se deixaram intimidar por esse problema e viam seus programas de treinamento como meios de *reter* os funcionários e aumentar seu valor. Essas empresas não faziam distinção entre qualificações transferíveis e não transferíveis em seus programas de treinamento.[2]

Na verdade, a maioria das empresas reconhece a necessidade de ser uma "organização que aprende", e essa necessidade parece superar qualquer preocupação com o problema do roubo de funcionários. É verdade que de vez em quando uma concorrente irá seduzir uma pessoa treinada à custa da empresa. Mas quase todas as pessoas permanecem nas empresas que lhes dão oportunidades de melhorar suas qualificações e crescer em suas carreiras. A longo prazo, as empresas que pegam carona são as verdadeiras perdedoras, porque não investem em aprendizado constante.

Treinamento de habilidades

O treinamento de habilidades é a base do desenvolvimento do funcionário. Ele tem dois objetivos:

1. manter as habilidades dos funcionários em dia com os avanços tecnológicos e as práticas de negócios e

2. ajudar os funcionários a dominar as habilidades de que necessitam para progredir na empresa.

O treinamento é um arranjo mutuamente benéfico. As empresas que proporcionam um treinamento efetivo ganham o benefício de contar com funcionários atualizados nos padrões correntes e estes mantêm sua "empregabilidade" e, em alguns casos, são promovidos.

Abordagens formal e informal

O treinamento de habilidades é formal ou informal. O treinamento informal geralmente é realizado por meio do treinamento no trabalho, ou OJT (de *on-the-job training*). Esta é a forma menos dispendiosa de treinamento, já que não tira o funcionário do ambiente de trabalho. O OJT também é o método mais usado pelas empresas americanas para o desenvolvimento de habilidades. Em geral, as práticas de OJT nos Estados Unidos são muito desestruturadas e não envolvem a designação de instrutores nem materiais de treinamento. Já as empresas japonesas adotam o OJT de modo mais estruturado e planejado, pois consideram-no um elemento fundamental dos sistemas de treinamento que visam desenvolver as habilidades dos funcionários durante carreiras longas.[3] Conforme descrevem Clair Brown e Michael Reich:

> *No Japão, o OJT é planejado e registrado de forma tão cuidadosa quanto o treinamento em salas de aulas promovido pela empresa. Treinamento e desenvolvimento de habilidades constituem uma parte esperada da função de todo trabalhador. Cada funcionário, do recém-contratado ao gerente do mais alto nível, pensa ao mesmo tempo em si mesmo como um professor do(s) subordinado(s), e também como um aluno do seu superior. Treinar a pessoa para ocupar o seu lugar é tão importante quanto treinar para subir na hierarquia.*[4]

O treinamento formal praticado pelas empresas americanas é mais estruturado que o OJT e é feito em salas de aula ou em ambientes de *e-learning*. Pode ser usado para o aprendizado tanto de habilidades específicas da empresa quanto genéricas (transferíveis). Mas o treinamento formal é mais dispendioso que o OJT porque afasta os funcionários do seu trabalho, utiliza instrutores dedicados especialmente a isto e depende de materiais didáticos que precisam ser desenvolvidos e mantidos sempre atualizados.

Em muitas grandes empresas o treinamento formal é promovido por "universidades corporativas", das quais existem cerca de mil e seiscentas em empresas americanas. Jeanne Meister estudou essas instituições e destaca dois motivos para sua popularidade:[5]

- **Elas combinam o treinamento de funcionários com a estratégia da empresa.** Controlando o currículo, a empresa pode concentrar o treinamento nas habilidades específicas que complementam sua estratégia. Isto reduz o problema de carência de qualificações em cargos vitais.

- **Elas asseguram o aumento constante do conhecimento interno.** Segundo Meister, "o conhecimento profissional é como uma caixa de leite — tem vida limitada. Se você não substituir tudo o que sabe a cada dois anos, sua carreira irá azedar".

Algumas empresas terceirizam uma parte ou todo o seu treinamento de habilidades para instituições de ensino locais, particularmente as escolas vocacionais-técnicas. Nas áreas em que essas empresas são empregadoras predominantes, elas costumam ter uma grande influência nos currículos dessas instituições — sendo assim capazes de moldar o treinamento de que necessitam para seus funcionários.

O treinamento de habilidades pode não só melhorar as qualificações de funcionários vitais, como também criar um vínculo entre a empresa e seus funcionários. Portanto, é importante avaliar até que ponto sua empresa está satisfazendo esta necessidade:

- Ela tem um programa sistemático e abrangente de treinamento de habilidades?
- Como os funcionários avaliam a qualidade desse treinamento?
- O treinamento é nitidamente compatível com os requisitos e a estratégia da empresa?
- A American Society of Training and Development calcula que as empresas dos Estados Unidos gastam 2% da folha de pagamento no treinamento de funcionários. Como está sua empresa em relação a este valor médio?

O treinamento compensa

Os investimentos no treinamento de funcionários parecem produzir retornos positivos. Uma pesquisa em três mil empresas com vinte funcionários ou mais, realizada pelo National Center on the Educational Quality of the Workforce constatou que as empresas que instituíram programas que aumentaram em média o equivalente a uma série a capacidade de leitura ou a compreensão matemática dos funcionários tiveram um aumento médio de produtividade de 8,6%. Nos setores de serviços, o aumento médio de produtividade foi ainda maior.[6] E maior produtividade se reflete no valor das ações da empresa.

Isto significa que o treinamento resultará num retorno positivo para sua empresa? Não necessariamente. A Motorola, que possui uma vasta experiência na área de treinamento empresarial, concluiu que o retorno sobre os investimentos em treinamento dependia em grande parte de reforço e do apoio irrestrito da gerência. De acordo com William Wiggenhorn, "nas poucas fábricas em que a força de trabalho absorveu todo o currículo de instrumentos de qualidade e conhecimentos sobre processos e onde os altos gerentes reforçaram o treinamento... estávamos obtendo um retorno de US$ 33 para cada dólar investido, incluindo o custo dos salários pagos enquanto as pessoas estavam em aula". Por outro lado, as unidades da Motorola que deixaram de reforçar o treinamento com reuniões de acompanhamento e uma ênfase genuína na qualidade tiveram um retorno negativo sobre seu investimento.[7]

Treinamento *online*

Os progressos ocorridos no campo do treinamento *online* estão tendo um grande impacto sobre os programas formais de treinamento nas empresas. O aprendizado *online*, ou "aprendizado a distância", tem nítidas vantagens sobre o treinamento formal em salas de aula:

- **Ele é proporcionado por um custo menor.** Apesar de um alto custo fixo inicial no desenvolvimento do currículo (e dos gastos permanentes para manter atualizados os módulos de aprendizado), o treinamento *online* é dado por um custo baixo.
- **Eliminação de custos de viagens e do tempo de produção perdido.** O envio de funcionários para sessões de treinamento em salas de aula pode ser extremamente dispendioso em termos de viagens, alojamento e refeições. Muitos se ressentem das noites adicionais fora de casa. E enquanto estão em aula, os funcionários não estão produzindo. O aprendizado *online* pode reduzir todos esses custos e inconvenientes.
- **Possibilidade de adaptação a qualquer nível de demanda.** Depois de preparado um curso de treinamento *online*, ele pode ser posto à disposição de qualquer número de funcionários basicamente pelo mesmo custo.
- **Disponibilidade de acordo com a demanda.** As sessões de treinamento *online* estão disponíveis quando e onde os funcionários delas necessitam.

Apesar das vantagens, os especialistas alertam para o fato de que o aprendizado *online* raramente constitui uma solução completa de treinamento. O contato pessoal e as interações que ocorrem nas salas de aula ou no OJT quase sempre são essenciais para um aprendizado efetivo. A Ernst & Young, cujo programa de treinamento foi classificado em sétimo lugar nos Estados Unidos em 2002 pela revista *Training & Development*, tem um amplo portfólio de aprendizado *online*. Mesmo assim, a maior parte do seu aprendizado formal é completada por meio de sessões tradicionais em salas de aula. Portanto, a melhor solução pode ser usar o treinamento *online* em conjunto com outros métodos de treinamento formais ou informais.

Desenvolvimento de carreiras

Desenvolvimento de carreiras é uma expressão abrangente que descreve as muitas experiências de treinamento, atribuições de trabalho e relações de orientação que fazem as pessoas avançar em suas vocações. Qualquer empresa que tenha o objetivo de reter seu pessoal mais valioso e preencher com elementos internos as vagas geradas por aposentadorias, demissões e pelo crescimento precisam aplicar recursos no desenvolvimento de carreiras. Em última análise, ela pode criar um "banco de reservas" com pessoas que no futuro irão comandar a empresa, como técnicos, gerentes e altos executivos. Na verdade, o desenvolvimento de carreiras é uma forma de "contratação interna". Além disso, a fama de desenvolver carreiras pode tornar a empresa atraente para possíveis candidatos a vagas que levam a sério suas carreiras.

Níveis de carreiras

Os profissionais de recursos humanos costumam se referir a *níveis de carreiras* quando falam a respeito do desenvolvimento de carreiras. Um nível de carreira é uma série lógica de estágios que levam um funcionário talentoso e dedicado a ocupar cargos cada vez mais desafiadores e de maior responsabilidade. Por exemplo, no ramo de publicações, uma pessoa com grandes aspirações editoriais pode ser conduzida progressivamente através de vários cargos em produção ou marketing até ao de assistente editorial e editor. Cada etapa amplia suas qualificações e sua compreensão do negócio.

Em geral, o treinamento formal é um elemento importante nos diferentes degraus da carreira. Por exemplo, um aspirante a editor pode precisar freqüentar um curso de três dias sobre edição eletrônica e outro sobre assuntos legais, como contratos e normas sobre direitos autorais. Um cientista de P&D que está sendo preparado para um cargo gerencial irá se beneficiar de cursos sobre análise financeira básica e marketing, e de uma orientação pessoal em comunicação e liderança de equipes.

Algumas empresas analisam sistematicamente o nível de qualificações de uma pessoa e o comparam com as habilidades e a experiência necessárias ao próximo degrau da escada. As diferenças entre aquilo que a pessoa possui e aquilo de que ela necessita são eliminadas por meio de um plano que envolve uma combinação de treinamento formal, atribuições especiais e orientação regular por um superior respeitado, como descreve a Figura 5.1.

Do ponto de vista da retenção, a abordagem da ascensão na carreira é mais eficaz quando evita "platôs". O funcionário deve sentir sempre que está aprendendo e sendo desafiado por um novo conjunto de responsabilidades administráveis. É preciso que haja bastante entusiasmo e não deve haver oportunidades para que ele se sinta "atolado" em um platô da carreira. Essa sensação de estar atolado cria o potencial para a deserção. Caso as circunstâncias impeçam o avanço vertical de um funcionário promissor num futuro previsível, seu gerente deverá encontrar uma atribuição paralela que desperte o interesse do funcionário e propicie experiências de aprendizado.

FIGURA 5.1
Preenchendo lacunas nas qualificações e na experiência

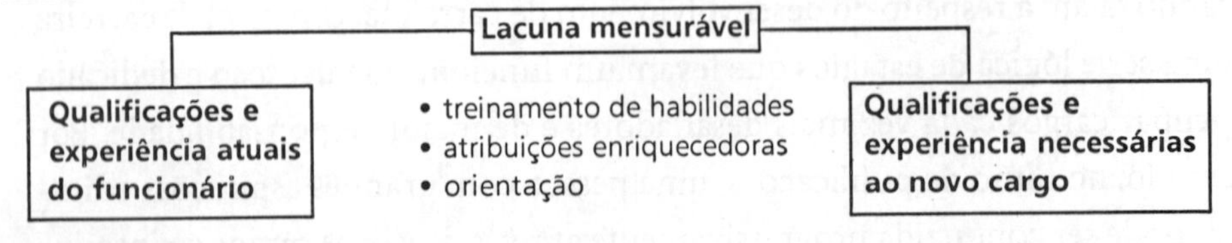

Agora faça a si mesmo estas perguntas a respeito de níveis de carreiras em sua unidade:

- Que níveis de carreiras estão disponíveis neste momento para seus funcionários mais valiosos?
- Eles têm conhecimento desses níveis de carreiras e os estão aproveitando?
- Você identificou as qualificações e experiências de que seus funcionários precisarão para subir ao próximo nível e tomou providências para que eles as adquiram?
- Existe alguém parado em um platô? O que pode ser feito para tirá-lo(s) de lá?

É sua responsabilidade como gerente garantir que as pessoas às quais dá valor estejam em carreiras com avanço progressivo. O progresso é bom para elas e aumenta a probabilidade de permanecerem na sua empresa. E também é bom para você, uma vez que sua ascensão será mais fácil se você tiver preparado um sucessor capaz de ocupar seu cargo.

Mentores

A cultura dos Estados Unidos aplaude quem abre caminho por conta própria. Mas poucas pessoas de sucesso são totalmente *self-wade*. Em sua maioria, as pessoas de sucesso citam um parente ou chefe — um mentor — que as ajudou a extrair o máximo das lições da vida e orientou seu desenvolvimento profissional. Jack Welch, ex-CEO da GE, costumava citar sua mãe e as lições que aprendeu com ela na infância.

Um estudo feito por Linda Hill, professora de Harvard, no final dos anos 80, concluiu que pelo menos a metade de todos os executivos tinham chefes que os orientaram durante suas carreiras.[8] Essa porcentagem pode ter aumentado, já que é cada vez maior o número de candidatos a empregos que perguntam hoje a respeito de oportunidades de orientação dentro das empresas que os estão recrutando.

Hill destaca três características dos mentores eficazes:

- eles estabelecem padrões elevados;
- eles se colocam à disposição dos subordinados; e
- eles "orquestram" experiências de desenvolvimento.

Os mentores que possuem essas características desempenham um papel importante na facilitação do desenvolvimento de carreiras. E, por qualquer critério, eles fazem uma clara diferença com respeito à retenção, talvez devido ao fato de sua orientação dizer ao funcionário que "nós nos preocupamos com você e o consideramos importante".

O bom senso nos diz que os mentores representam um elo positivo entre o funcionário e a empresa. A força desse elo é, sem dúvida, determinada pela eficiência do mentor e pela intensidade do relacionamento com o funcionário. E isto sugere que os mentores devem ser escolhidos com cuidados excepcionais. Além das três características de Hill, você também deve procurar candidatos a mentor que:

- possam sentir empatia por um funcionário que enfrenta desafios especiais (por exemplo, uma mentora para uma funcionária numa organização formada em grande parte por homens);
- tenham uma atitude estimulante;
- exemplifiquem o melhor da cultura da empresa; e
- tenham ligações sólidas com a organização. A última coisa que você quer fazer é desenvolver uma ligação entre um funcionário promissor e um possível desertor; nada pode prejudicar de modo mais decisivo a imagem

que o funcionário tem da empresa do que a saída do seu conselheiro de confiança.

Algumas empresas asseguram que cada funcionário tenha um mentor formal identificável; outras reservam os mentores para o pessoal que deverá ser promovido. Caso sua empresa ou unidade não esteja fazendo um uso efetivo de mentores no desenvolvimento das carreiras dos funcionários, pense na elaboração de um programa de orientação. Comece identificando as pessoas que serão mais beneficiadas pelo programa; depois, trabalhando com seu próprio grupo de chefia e com o RH, identifique as pessoas disponíveis que poderão ser eficazes como mentores.

Como gerenciar "funcionários C"

Toda organização tem funcionários com desempenhos variados e nem todos podem ser promovidos. No topo estão os de desempenho "A", cujas contribuições são excepcionais. Os de desempenho "B" fazem um trabalho muito bom, ao passo que os de desempenho "C" fazem um trabalho apenas aceitável. Em seu estudo sobre talento gerencial em duas grandes empresas, Beth Axelrod, Helen Handfield-Jones e Ed Michaels, da McKinsey & Company, constataram que as contribuições desses grupos para o crescimento do lucro eram muito diferentes. Em média, os gerentes A fizeram os lucros crescerem 80% em uma das empresas e 130% na outra. Os gerentes C dessas mesmas empresas não provocaram nenhum aumento nos lucros. Isto suscitou uma pergunta a respeito de onde deveriam se concentrar os recursos destinados a desenvolvimento de qualificações e de carreiras. Os investimentos bem administrados no desenvolvimento de funcionários com desempenho A e B certamente fazem sentido. E quanto aos funcionários C? Deve-se investir no seu aperfeiçoamento ou simplesmente tirá-los do caminho?

Algumas empresas podam regularmente as fileiras dos gerentes C, ao passo que outras procuram fazê-los melhorar. Mas a maioria nada faz para lidar com eles. O custo desta indiferença é elevado, tanto em termos de deserções de bons funcionários quanto da falta de crescimento dos lucros. Como escreveram os autores:

> *Considere que todo funcionário com desempenho C preenche um papel e, portanto, impede o avanço e o desenvolvimento de outras pessoas mais talentosas na organização. Ao mesmo tempo, os funcionários C não costumam ser bons modelos, treinadores ou mentores para os outros. Oitenta por cento dos entrevistados em nossa pesquisa disseram que trabalhar para uma pessoa de baixo desempenho os impedia de aprender, de colaborar mais com a organização e fazia com que quisessem deixar a empresa. Imagine então o impacto coletivo sobre o total de talentos e o moral de uma empresa se apenas 20% dos seus gerentes tiverem baixo desempenho e cada um deles chefiar dez pessoas.*[9]

Mas o que deve ser feito? Os autores sugerem uma abordagem em três etapas (lembre-se de que eles se preocupam somente com pessoal de nível gerencial):

- Identifique os funcionários C.
- Chegue a um consenso com cada um deles a respeito de planos de ação explícitos. "Certamente," eles escrevem, "alguns funcionários C podem melhorar seu desempenho de modo substancial se receberem orientação e apoio para seu desenvolvimento."[10] É aqui que os tipos de treinamento de habilidades descritos neste capítulo podem ser mais eficazes.
- Dê aos gerentes a responsabilidade pelo aperfeiçoamento ou pela remoção dos funcionários C.

Bradford Smart, especialista e consultor em RH, também usa uma abordagem A, B, C para classificar os funcionários. Em sua opinião, os funcionários C podem esgotar a vida de uma organização e devem ser encaminhados para cargos — em geral de nível inferior — em que terão potencial para um desempenho A. Se não conseguirem melhorar depois de treinados nessas novas funções, ele acha que é do interesse da empresa fazer com que saiam.[11]

Mesmo assim, os investimentos em funcionários C podem valer a pena. A única maneira de saber com certeza é fazer uma estimativa de quanto o desempenho da empresa iria melhorar caso se pudesse promover um funcionário C para o próximo nível mais alto. Qual seria o custo de se fazer isso em relação aos benefícios? O custo é inferior aos benefícios? Caso o custo supere os benefícios, então as alternativas seriam transferir a pessoa para um cargo em que ela pudesse se sair melhor ou pedir que ela deixe a empresa.

Dicas para o desenvolvimento de carreiras

- Proporcionar níveis de carreira para cada pessoa que você espera reter.
- Para pessoas com potencial para promoção, identifique as diferenças entre as qualificações e a experiência que elas possuem atualmente e aquelas de que elas irão necessitar para assumir novos papéis. E elimine essas diferenças com treinamento e atribuições adequadas.
- Não permita que bons funcionários fiquem presos em platôs em suas carreiras.
- Assegure que cada funcionário que precise de um mentor disponha de um adequado.

Resumo

Este capítulo examinou a importância do treinamento e do desenvolvimento de carreiras nas áreas de contratação e retenção. Toda organização precisa implantar programas de treinamento e desenvolvimento caso pretenda aumentar o valor de seus ativos humanos e reduzir o índice de deserções. (Veja "Dicas para o desenvolvimento de carreiras".) Se você trabalha numa grande corporação, treinamento e desenvolvimento são, provavelmente, território de um grupo especializado de pessoal de RH. Mas não deixe o assunto somente nas mãos deles. Toda pessoa em cargo gerencial tem responsabilidade pelo aumento do valor do capital humano a ela entregue. Portanto:

- Considere o custo do desenvolvimento dos funcionários como um investimento; ele tem um retorno real e deve reduzir os custos associados à rotatividade de funcionários valiosos.
- Certifique-se de que o desenvolvimento dos funcionários esteja de acordo com as metas e as estratégias da empresa.
- Use o aprendizado *online* para complementar o treinamento formal e reduzir os custos.
- Elabore níveis de carreiras para promover funcionários dedicados e talentosos a patamares mais elevados de responsabilidade e desempenho, usando treinamento formal, orientação e atribuições especiais como etapas da carreira.
- Lide de forma decisiva com os funcionários C. Eles devem melhorar seu desempenho (usando treinamento, se necessário), ser transferidos para cargos nos quais possam apresentar desempenho melhor ou sair da empresa.

6

Fatores do local de trabalho que afetam a contratação e a retenção de talentos

Focalizando a cultura

Principais tópicos abordados neste capítulo

- *A cultura da empresa e como ela pode atrair ou afastar os tipos de pessoas que você quer contratar e reter*
- *O esgotamento psicológico de funcionários e como minimizá-lo ou evitá-lo*
- *Equilíbrio trabalho-vida pessoal e como fazê-lo funcionar tanto para os funcionários como para a empresa*

AS DISCUSSÕES sobre contratação de possíveis candidatos quase sempre se concentram nos aspectos específicos do cargo: as relações de subordinação, as possibilidades de carreira, remuneração e benefícios. Cada um deles é importante para os candidatos a emprego. Mas o clima do local de trabalho pode ser igualmente importante na decisão do candidato de aceitar o emprego — ou de permanecer na empresa posteriormente.

Algumas empresas têm fama de serem ótimos lugares para se trabalhar. A revista *Fortune* identifica todos os anos as melhores dessas empresas em sua lista das "100 melhores empresas para se trabalhar". Certas empresas, como a corretora Edward Jones, a Container Store, o SAS Institute, a Plante & Moran e a Frank Russell estão coerentemente perto do topo da lista. A revista *Working Mother* publica uma lista semelhante de "100 melhores" do ponto de vista de mulheres com filhos. Não há dúvida de que a fama das empresas que entram nessas listas as tornam mais atraentes para os candidatos a empregos e para os atuais funcionários.

Neste capítulo examinaremos três fatores do local de trabalho que têm um papel importante na contratação e na retenção: cultura da empresa, esgotamento psicológico de funcionários e equilíbrio trabalho-vida pessoal.

Avalie sua cultura

A cultura é um fator importante para atrair candidatos qualificados e para manter os funcionários de uma organização. Por exemplo, se uma cultura é excessivamente descontraída, a empresa poderá ter problemas para atrair e reter profissionais intransigentes; eles poderão achar o local de trabalho pouco "sério" e prejudicial para suas carreiras a longo prazo. Se a cultura é formal e rígida demais, é provável que pessoas jovens e criativas sintam-se pouco à vontade e deslocadas. Caso ela não seja favorável a mulheres e minorias, as pessoas talentosas dessas comunidades irão procurar trabalho em outro lugar. E nenhum desses grupos estará ansioso para trabalhar numa empresa se sua cultura for dominada por conflitos, guerras territoriais, uma direção deficiente ou um excesso de privilégios hierárquicos.

Como é sentida a cultura do seu local de trabalho? Como primeiro passo para melhorar a cultura, faça aos funcionários estas duas perguntas:

1. Existem diferenças importantes entre o tipo de clima no qual você gostaria de trabalhar e o clima que caracteriza atualmente nosso grupo? Em caso positivo, quais são elas?
2. Que medidas ajudariam a melhorar nossa cultura de trabalho e/ou a eliminar as diferenças entre aquilo que queremos ou de que necessitamos e aquilo que existe?

Existem muitas maneiras de eliminar as diferenças entre a atual cultura da sua organização e aquela de que você precisa para atrair e reter pessoas de talento. Aqui estão alguns exemplos de cenários:

Cenário 1: Os funcionários do seu departamento, jovens e cheios de energia, querem uma cultura mais informal, divertida e estimulante. Eles consideram a atual cultura excessivamente formal e rígida. Neste caso, você poderá tentar o seguinte:

- Abrandar as regras de vestuário.
- Permitir horários de trabalho flexíveis, que deixem os funcionários trabalhar muitas horas durante projetos de grande pressão e menos horas em outras ocasiões.
- Instalar uma mesa de pingue-pongue para que os funcionários queimem energia.
- Levar sua equipe a um parque local para uma partida de vôlei e um piquenique.
- Iniciar uma tradição de festejar ao final de projetos difíceis.
- Trazer vídeos de humoristas (sem exageros!) e exibi-los numa sala de reuniões durante o horário de almoço.

Cenário 2: Seu departamento tem muitos funcionários com famílias jovens. Eles não gostam da atual separação entre suas vidas no trabalho e suas vidas em casa. Considere estas idéias:

- Instituir piqueniques familiares regulares — e dizer às pessoas que também tragam seus bichos de estimação! (Muitas pessoas os consideram membros da família.)
- Durante conversas informais, pergunte aos funcionários a respeito de suas famílias — e mostre um interesse espontâneo naquilo que eles dizem.
- Deixe que os funcionários tragam seus filhos para o trabalho de vez em quando, para comemorar ocasiões especiais.
- Permita o trabalho em casa durante uma parte da semana, ou organize horários flexíveis ou outros arranjos para reduzir o estresse familiar.
- Deixe que os funcionários saiam mais cedo nos seus aniversários ou aniversários de casamento, ou para que compareçam a reuniões de pais e mestres e eventos escolares importantes.

Cenário 3: Seu grupo é constituído de pesquisadores que precisam de privacidade e silêncio para se concentrarem em seu trabalho. Tente estas idéias:

- Se o seu departamento tem cubículos em vez de salas com portas, invista em máquinas para eliminar sons indesejáveis.
- Permita que os funcionários trabalhem em suas casas nas épocas em que eles estão envolvidos em projetos especialmente intensos.
- Mantenha mínimas a freqüência e a duração das reuniões.

Mas não deixe que as pessoas fiquem isoladas demais. Mesmo que elas precisem trabalhar em silêncio e sozinhas, você pode criar um espírito de equipe das seguintes maneiras:

- Recompense o grupo periodicamente com ingressos para teatros, exposições, espetáculos de balé e outros eventos culturais.
- Crie um grupo de discussões sobre filmes ou livros, que poderá se reunir uma vez por mês no horário de almoço.

É claro que a sintonia fina da sua cultura não precisa ser difícil nem dispendiosa. Tudo o que é preciso para desenvolver uma cultura adequada é a disposição para observar e ouvir, um pouco de criatividade e receptividade a novas idéias. Mas lembre-se de que os gerentes precisam ser símbolos visíveis da cultura que querem promover. Os funcionários olham para aquilo que faz a alta gerência. Se a gerência diz "vamos nos vestir de maneira informal" mas continua a vestir terno e gravata todos os dias, qualquer um que pretenda chegar ao topo continuará a fazer o mesmo. Se a gerência diz "nós nos importamos com nosso pessoal" mas se concentra somente nos controles de custos e demite funcionários antigos à primeira ameaça de queda de receitas, ninguém irá levar a sério suas declarações. Assim, cuidando da sua cultura dessas maneiras e trabalhando realmente para mudá-la para melhor, você poderá tornar sua organização mais atraente para as pessoas que gostaria de contratar — *e* elevar seu índice de retenção.

Esgotamento de funcionários

Esgotamento é exaustão devido ao trabalho. Em alguns casos ele é auto-induzido, mas em muitos outros ele resulta da cultura do local de trabalho. O esgotamento normalmente se manifesta por meio de menor satisfação com o trabalho, menor compromisso com a organização e do aumento da vontade de "fazer algo diferente". Em alguns casos, você também verá estes sinais de alerta:

- queda da auto-estima (quando há coisas demais a serem feitas, algumas pessoas culpam a si mesmas)
- diminuição dos sentimentos de competência e realização
- relação distante ou negativa com os colegas e clientes

Em geral o esgotamento resulta do envolvimento por longos períodos em situações que têm muitos atributos negativos, como:

- excesso de trabalho
- exigências conflitantes (p. ex., "Pense grande e seja criativo — mas não cometa erros")
- objetivos vagos
- tarefas monótonas
- conflitos interpessoais
- poucas recompensas reais (bônus, folgas extras etc.)

- pouco reconhecimento pelas contribuições do funcionário
- incapacidade para alcançar sucesso

Como indica a lista, o esgotamento não é uma conseqüência exclusiva do número de horas de trabalho. Uma pessoa pode trabalhar inúmeras horas e mesmo assim sentir-se bastante motivada. Na verdade, a maioria das pessoas sofre esgotamento quando sente mais estresse do que apoio em sua vida profissional

O esgotamento pode prejudicar diretamente os esforços de retenção da sua empresa — e se ela criar fama de "câmara de esgotamento", terá problemas para contratar bons funcionários. Pior ainda, seus funcionários mais motivados — aqueles que sentem um forte compromisso com seu trabalho — são os mais suscetíveis ao esgotamento.

Às vezes os supervisores contribuem sem perceber para o problema do esgotamento. A maioria deles tem a tendência natural a passar todos os projetos mais importantes para seus poucos subordinados de mais alto desempenho. "Não posso confiar em nenhuma outra pessoa para que isto seja bem-feito," dizem eles como justificativa. E então, quando estes funcionários esforçados são bem-sucedidos em um projeto, os supervisores lhes entregam outro imediatamente! Enquanto isso os negligentes, os preguiçosos e os falsos doentes ficam sem fazer nada, recebendo seus cheques de pagamento a cada quinze dias. E os funcionários esforçados do departamento recebem promoções por todos os seus bons trabalhos? Nem sempre. Se fossem promovidos, não haveria ninguém para cuidar dos trabalhos importantes.

Considere o uso de uma das estratégias abaixo para combater o esgotamento: admissão criativa de pessoal, gerenciamento de esgotamentos e o "re-recrutamento" regular dos mais talentos.

Admissão criativa de pessoal

Uma forma de evitar a sobrecarga dos funcionários é criar um plano estratégico de admissão a longo prazo, que assegure que um número suficiente de pessoas — e das pessoas certas — esteja disponível para realizar o trabalho. Assim:

- Faça com que os supervisores de linha trabalhem em contato direto com o departamento de recursos humanos e a gerência superior para definir uma estratégia de admissão que atenda às necessidades do departamento e da empresa. A admissão não está totalmente sob o controle dos supervisores de linha — mas eles devem fazer o possível para definir o perfil das pessoas de que precisam para atingir as metas a elas atribuídas.

- Garanta que as pessoas tenham um bom treinamento. Pessoas despreparadas para suas funções correm maior risco de esgotamento. Assim, providencie o treinamento de que elas necessitam.

- Estabeleça prioridades para a carga de trabalho. Se o seu departamento estiver especialmente carente de mão-de-obra e incapaz de adicionar pessoal, seja estratégico a respeito do que pedir que os funcionários façam. Considere cada tarefa em função do seu potencial para adicionar ou não valor para os clientes. Caso ela não adicione valor suficiente, elimine-as. (Todas as tarefas adicionam algum valor — seja um juiz implacável a respeito de quanto valor deseja.)

- Pense em redistribuições internas de pessoal. Se você não muda de vez em quando as plantas de vaso da sua casa, as raízes que as sustentam ficam comprimidas e param de crescer. O mesmo acontece com os funcionários. A redistribuição dá maior flexibilidade à sua empresa, ao mesmo tempo em que retém os melhores funcionários. E, igualmente importante, dá aos funcionários a oportunidade de adquirir novas experiências e qualificações que poderão ser importantes para eles.

- Proporcione variedade. As redistribuições internas poderão ser desnecessárias se você encontrar maneiras de variar as tarefas e responsabilidades. Por exemplo, você poderá dar a um funcionário do seu departamento a responsabilidade de coordenar um projeto baseado em equipe pelos próximos seis meses — antes de fazer um rodízio e entregar a tarefa a outro funcionário. Outra pessoa poderá receber a responsabilidade temporária pela manutenção das instalações na sua área de trabalho. Apenas certifique-se de que essas responsabilidades sejam adicionadas aos objetivos de desempenho da pessoa e levadas a sério.

Quando discutir a redistribuição ou mudanças de responsabilidades com seus funcionários, respeite as idéias e os sentimentos deles. Em vez de movê-los como peças de xadrez, pense em quais poderiam ser as melhores oportunidades para eles — e enfatize todos os benefícios em termos de desenvolvimento profissional oferecidos por essas oportunidades. E a redistribuição também deve ser opcional. Caso ela ocorra, fale periodicamente com as pessoas para saber como vão as coisas e encontre soluções para qualquer problema que surja.

Como administrar o esgotamento

Outra maneira de fazer com que os gerentes evitem o alto custo da sobrecarga é minimizando a exaustão pelo trabalho. Aqui estão algumas medidas que podem ser tomadas:

- Monitore regularmente a carga de trabalho, principalmente entre seus funcionários de mais alto desempenho. Uma das *Big Five* empresas de contabilidade fez isso analisando as programações de viagens. Os funcionários que passavam tempo demais viajando ou que se ofereciam para um número excessivo de projetos foram identificados e aconselhados. Se você tiver funcionários como estes, faça reuniões periódicas com eles para saber como estão indo. Esta atitude pode, por si só, fazer com que as pessoas se sintam apoiadas. E dê um passo além — faça algo a respeito dos horários de trabalho antes que eles fiquem esgotados.

- Mostre que você aprecia trabalhadores de valor. Isto também pode ajudar a compensar alguns fatores negativos.
- Considere a reformulação de alguns cargos. Se um funcionário de valor mostrar sintomas de esgotamento, analise sua descrição de cargo. As tarefas e responsabilidades do cargo podem estar além das forças até mesmo de um funcionário excepcional. Nesses casos, fale com os profissionais do departamento de RH a respeito da redefinição do cargo.

Acima de tudo, seja um bom observador e um bom ouvinte. Reconheça os pedidos de ajuda — como "Não sei como continuar", "Estou atolado" ou "Acho que vou ter de trabalhar no fim de semana novamente". Então faça alguma coisa para aliviar a situação.

"Re-recrute" seus funcionários mais talentosos

Não dê como certos os funcionários talentosos, nem suponha que eles irão querer continuar trabalhando para você. Lembre-se de que o mercado para determinadas qualificações é bastante eficiente e proporciona grande mobilidade para os melhores profissionais. Suponha que você precise "re-recrutar" essas pessoas de tempos em tempos. Identifique seus funcionários de melhor desempenho e:

- Lembre-se de que eles são os prováveis alvos dos seus concorrentes.
- Mostre a eles que você lhes dá valor — por meio de um agradecimento informal, mas sincero, por um trabalho bem-feito, por pequenos sinais de apreciação, mas significativos, ou na forma de bônus ou folgas extras.

Equilíbrio trabalho-vida pessoal

O equilíbrio trabalho-vida pessoal era um dos temas de negócios mais discutidos antes da recessão de 2000-2001. E apesar do choque das demissões causadas pela recessão, o problema ainda não desapareceu. A razão é que o equilíbrio trabalho-vida pessoal é um elemento essencial de satisfação, lealdade e produtividade do funcionário. Isto significa que, se você oferecer um local de trabalho onde os funcionários possam efetivamente equilibrar as exigências do trabalho e de suas vidas pessoais, a retenção não será problema. E se você adquirir no mercado de trabalho a fama de empresa que apóia o equilíbrio trabalho-vida pessoal, terá uma vantagem na contratação de bons profissionais.

Um estudo da Ford Foundation resume o que muitos outros pesquisadores constataram a respeito desta questão:

> *A separação entre trabalho e família prejudica as metas da empresa e do funcionário, afetando a eficiência no trabalho e a vida familiar.*
>
> *O processo de questionar velhas hipóteses e crenças culturais que estão por trás da integração trabalho-família permite que os funcionários pensem de modo mais criativo a respeito do trabalho em geral e dá à empresa uma oportunidade estratégica de se tornar um local de trabalho mais justo, produtivo e inovador.*
>
> *Muitas das mesmas hipóteses e crenças que dificultam a integração trabalho-família também conduzem a hábitos de trabalho improdutivos, prejudicando a capacidade das empresas de atingirem suas metas de negócios.*
>
> *A reestruturação do modo como é feito o trabalho para conseguir a integração trabalho-família pode levar a resultados positivos, com benefícios para todos — um ambiente de trabalho mais sensível, que leva em conta as necessidades dos funcionários e gera resultados significativos em termos de lucros.*[1]

Como esta citação deixa claro, o equilíbrio trabalho-vida pessoal não é apenas uma questão de "sentir-se bem" ou uma regalia que irá custar dinheiro à sua empresa. Ele se traduz em melhor desempenho da empresa.

Nos Estados Unidos, dois fatos puseram em evidência o problema trabalho-vida pessoal no final dos anos 90. O primeiro foi a prática, exclusivamente americana, de expandir o ano de trabalho, mesmo quando as pessoas se tornavam mais produtivas e prósperas. Juliet Schor, economista de Harvard, documentou em seu livro *The Overworked american* como o americano típico foi solicitado a trabalhar cada vez mais horas. Segundo ela afirma, o ano de trabalho médio nos EUA aumentou nove horas por ano ao longo das últimas décadas.[2] Essas horas extras reduziram diretamente o tempo que as pessoas passariam normalmente com a família e tratariam de assuntos pessoais. É irônico, não é? Quanto mais produtivos e prósperos se tornaram os americanos, mais eram solicitados a trabalhar. No final dos anos 90, o operário americano médio estava trabalhando 320 horas por ano a mais que seu colega da Europa.

A pesquisa de Schor foi concluída antes que os *laptops* e o *e-mail* fizessem incursões importantes na vida das empresas. Portanto, você pode acrescentar aos cálculos dela as horas que as pessoas passam hoje trabalhando em casa nos fins de semana e respondendo a *e-mails* à noite e durante as férias.

O resultado do aumento das horas de trabalho: as pessoas sentem-se pressionadas. Elas se acham numa situação sem saída, em que precisam ou fraudar suas carreiras ou negligenciar a vida familiar. Muitas empresas agravaram ainda mais esta situação compensando os ciclos ascendentes da economia com horas extras. Quando os negócios estão em alta, elas pedem que as pessoas trabalhem mais horas; isto as ajuda a evitar o acréscimo de novos funcionários à folha de pagamento.

O segundo grande fator que contribuiu para o problema do equilíbrio trabalho-vida pessoal foi a porcentagem cada vez maior de mulheres casadas na força de trabalho. Hoje, mais de 50% das mulheres casadas trabalham fora. É uma boa notícia para a igualdade entre sexos, mas significa que há menos pessoas disponíveis para cuidar da casa. Quando os dois cônjuges trabalham em tempo integral, o tempo disponível para a família e os assuntos pessoais é muito prejudicado. As refeições são feitas às pressas e as atividades cívicas e familiares são reduzidas.

Três princípios

O equilíbrio trabalho-vida pessoal é hoje um problema importante porque muitas pessoas estão dando um "basta" a longos dias de trabalho, férias reduzidas, noites passadas em quartos de hotel e *e-mails* do chefe nos fins de semana.

Muitas empresas compreenderam a mensagem e reagiram com programas que ajudam seus funcionários a equilibrar os dois lados de suas vidas.

À primeira vista, você pode pensar que toda concessão feita para garantir esse equilíbrio representa um custo para a empresa. Mas como explicaram Stewart Friedman, Perry Christensen e Jessica DeGroot em um artigo na *Harvard Business Review*, o equilíbrio trabalho-vida pessoal pode ser abordado de uma perspectiva em que todos saem ganhando:

> *Observamos que um número pequeno, mas crescente, de gerentes... agem de acordo com a suposição de que trabalho e vida pessoal não são prioridades concorrentes, mas complementares. Em essência, eles adotaram uma filosofia em que todos ganham. E parece que eles têm razão: nos casos por nós estudados, a nova abordagem tem gerado retornos tangíveis, tanto para as organizações como para os funcionários.*[3]

Esses pesquisadores apresentam três princípios para solucionar o problema:

1. **Certifique-se de que os funcionários compreendam as prioridades da empresa e estimule-os a serem igualmente claros a respeito de suas prioridades pessoais.** O trabalho da empresa precisa ser feito e o equilíbrio trabalho-vida pessoal não deve ser uma desculpa para negligenciá-lo. Por outro lado, o trabalho não pode ser uma desculpa para negligenciar assuntos pessoais importantes. Friedman, Christensen e DeGroot aconselham que os gerentes sejam claros a respeito das metas e expectativas de desempenho da empresa. Ao mesmo tempo, recomendam que os funcionários sejam claros a respeito de suas metas como membros de famílias e indivíduos. Uma vez que as cartas de todos estejam na mesa, os horários e as atribuições normalmente podem ser organizados de modo que satisfaçam ambas as partes. "O fato de esses gerentes definirem o sucesso em termos de resultados é vital", escrevem os autores. "Para eles, os resultados são mais importantes que o processo. Tendo isso em vista, eles dão metas específicas aos funcionários, mas também maior autonomia no modo de atingi-las".[4]

2. **Reconheça e apóie os funcionários como "pessoas inteiras", com papéis importantes fora do local de trabalho.** Os gerentes só poderão lidar com o conflito trabalho-vida pessoal se compreenderem as vidas dos seus funcionários fora do trabalho e demonstrarem algum interesse por elas. E demonstrar um interesse sincero "cria um vínculo e, com ele, confiança — que traz benefícios para a empresa conhecidos por todos os gerentes".[5]

3. **Faça experiências constantes com a maneira de executar o trabalho.** Os gerentes inteligentes sabem que os processos de trabalho precisam ser repensados e reformulados periodicamente para aumentar a eficiência e a eficácia. O equilíbrio trabalho-vida pessoal oferece oportunidades para se fazer experiências com esses processos. Ao descrever gerentes que adotaram com sucesso o equilíbrio trabalho-vida pessoal, os autores afirmam que "os conflitos entre as prioridades de trabalho e as pessoais podem atuar como catalisadores para a identificação de ineficiências do trabalho que, do contrário, poderiam permanecer ocultas ou não solucionadas".[6]

Sua organização tem uma mentalidade de "é assim que fazemos as coisas"? Isso é ruim para a empresa, porque impede o aperfeiçoamento dos processos. Em um ambiente dinâmico, a melhor maneira de fazer as coisas é mudar sempre. A flexibilidade é uma das maneiras pelas quais nos adaptamos para mudar e sobreviver.

Assim, de acordo com Friedman, Christensen e DeGroot, o equilíbrio trabalho-vida pessoal não tem de ser um jogo de soma zero. Bem administrado, esse equilíbrio pode elevar o moral e a produtividade e ajudá-lo a contratar e reter os melhores funcionários. (Veja "Dicas para equilíbrio trabalho-vida pessoal".)

Trabalho a distância

Muitas empresas descobriram que o trabalho a distância é um instrumento eficaz na criação de um equilíbrio trabalho-vida pessoal. Esta expressão descreve o trabalho que é feito pelos funcionários em locais que não são seus escritórios habituais e é facilitado por telecomunicações e pela Internet. A definição do International Telework Association & Council's (ITAC) de trabalho a distância é "usar telecomunicações para trabalhar onde se precisa a fim de satisfazer as necessidades dos clientes: em casa, em um centro de trabalho a distância ou escritório-satélite, no escritório do cliente, no saguão de um aeroporto, em quartos de hotel, numa cafeteria ou da sua sala para um colega em outro andar do mesmo edifício".[7] O ITAC estimou que em 2001, nos Estados Unidos, cerca de 20 milhões de funcionários estavam envolvidos em algum tipo de trabalho a distância.

Os defensores do trabalho a distância destacam as economias mensuráveis em custos e benefícios, entre eles, custos menores com imóveis, maior produtividade dos funcionários, maior lealdade e satisfação com o trabalho e menor rotatividade de pessoal. E os próprios funcionários que trabalham a distância dizem que esse esquema os ajuda a equilibrar trabalho e responsabilidades pessoais. A AT&T, que utiliza muito o trabalho a distância desde o início dos anos 90, realizou em 2000 uma pesquisa aleatória junto a 1.238 gerentes e constatou que:

- Os funcionários que trabalham a distância trabalham mais horas. Os entrevistados disseram que trabalhavam pelo menos uma hora a mais por dia; isso equivale a 250 horas ou seis semanas de trabalho extra (não remunerado) feito por um trabalhador médio.
- O trabalho a distância é mais produtivo. Setenta e sete por cento dos trabalhadores a distância da AT&T disseram que realizavam mais em casa do que no escritório.
- A lealdade aumenta. Dos trabalhadores a distância que declararam ter recebido propostas de emprego feitas por concorrentes, 67% disseram que abrir mão do ambiente de trabalho a distância foi um fator decisivo para que recusassem as propostas.

- Atrair e reter bons funcionários fica mais fácil, de acordo com 66% dos gerentes da AT&T entrevistados.
- 77% dos trabalhadores a distância estão mais satisfeitos com suas carreiras desde que começaram a trabalhar em casa.
- É mais fácil conseguir o equilíbrio trabalho-vida pessoal. Oitenta e três por cento dos entrevistados da AT&T declararam estar mais satisfeitos com suas vidas pessoais e familiares desde que começaram o trabalho a distância.

Dicas para o equilíbrio trabalho-vida pessoal

A partir dos "três princípios" para o equilíbrio trabalho-vida pessoal acima descritos, aqui estão algumas coisas que você pode fazer para tornar esse equilíbrio favorável para todos:

- Dê aos funcionários metas específicas, como também mais autonomia na maneira de atingi-las. Diga "você é responsável pela realização de uma pesquisa com clientes e pela preparação de um relatório completo entre hoje e meados de março. Quero que elabore um plano para cuidar disso".
- Dê mais atenção aos resultados do que a *como*, *onde* e *quando* o trabalho é feito.
- Procure conhecer seus funcionários e colegas de trabalho em um nível mais pessoal. Eles têm obrigações cívicas? Têm filhos ou pais idosos para sustentar? Que *hobbies* ou atividades artísticas absorvem sua atenção? Eles possuem outras qualificações que poderiam beneficiar a empresa? Como foi constatado há muitos anos pelas experiências em Hawthorne, fazer essas perguntas e simplesmente demonstrar interesse pelos fun-

cionários como indivíduos pode ter um impacto positivo sobre o moral e a motivação.

- Estimule as pessoas a encontrarem maneiras novas e melhores de cumprir suas responsabilidades. Por exemplo, os gerentes de vendas e o pessoal de desenvolvimento de produtos podem descobrir que um investimento de US$ 5.000 em equipamento para teleconferências pode economizar para a empresa US$ 15.000 anuais em despesas com viagens — e livrar cada um deles de semanas de tempo improdutivo gasto com viagens e de muitas noites fora de casa. Os supervisores podem descobrir que suas reuniões das 16h com a equipe — aquelas que nunca terminam antes das 18h e fazem com que todos cheguem atrasados para o jantar — podem ser facilmente reprogramadas para o horário de almoço. Com isso, o trabalho é feito *e* o pessoal chega em casa no horário.

A AT&T também afirmou estar poupando US$ 25 milhões anuais em custos com imóveis por intermédio de trabalhadores a distância em tempo integral.[8] (Veja "Adequação para o trabalho a distância".)

Essas notáveis constatações não são exclusivas da AT&T. Mas antes que você se apresse em defender um programa de trabalho a distância, sua empresa ou unidade deverá responder a uma série de perguntas, entre as quais:

- Que tarefas são adequadas para o trabalho a distância?
- Quais são as questões de ordem legal, reguladora, tecnológica e ligadas a seguros? (Por exemplo, os corretores de valores não podem trabalhar sem supervisão.)
- Como você irá supervisionar os trabalhadores a distância para que cumpram suas responsabilidades?

- As pessoas irão se preocupar com a possibilidade de o trabalho a distância afetar negativamente suas chances de promoção e outras formas de reconhecimento?

Apesar das alegações a seu favor, o trabalho a distância não é adequado para todas as organizações. Em artigo para a *Harvard Business Review*, Mahlon Apgar abordou esta questão, explicando que estes programas são mais convenientes quando as empresas:

- estão mais comprometidas com novas maneiras de operar;
- são de caráter mais informativo do que industrial;
- são dinâmicas, pouco hierárquicas e tecnologicamente avançadas;
- não são direcionadas para opor comando; e
- estão dispostas a investir em instrumentos e treinamento.[9]

Adequação para o trabalho a distância

Você é um bom candidato para o trabalho a distância? E quanto às pessoas que lhe pedem permissão para trabalhar em suas casas todas as sextas-feiras? O *site* de trabalho a distância da AT&T tem "Selecionador pessoal" muito útil para avaliar a adequação de funcionários para esse tipo de trabalho.[a] Ele avalia essa disposição em quatro dimensões:

1. Pré-requisitos. Níveis de conhecimento do cargo, experiência, produtividade, qualidade do trabalho etc.

[a] Veja www.att.com/telework/get_started/gs_perscr.html.

2. Habilidades. A capacidade de planejar e gerenciar projetos, de fixar e cumprir metas etc.
3. Estilo de trabalho. A capacidade de trabalhar com um mínimo de supervisão, isto é, de modo independente etc.
4. Atitude. A disposição para tentar coisas novas, uma atitude positiva em relação ao trabalho a distância etc.

Este teste para autodiagnóstico ajuda as pessoas a identificarem seus pontos fortes, bem como os obstáculos que terão ter de superar antes de tentar o trabalho a distância.

O trabalho a distância também exige adaptação por parte dos gerentes e supervisores. Afinal, seus subordinados não estarão sob seus olhos vigilantes. Quem saberá se estão trabalhando ou assistindo a programas de televisão? Para a maioria dos especialistas, a solução é que os gerentes se concentram nos resultados e não nas atividades. Isso significa fixar metas claras para cada trabalhador a distância, certificar-se de que eles as compreendem e criar um sistema para monitorar o progresso em etapas de curto prazo. Os gerentes também precisam encontrar maneiras de integrar os trabalhadores a distância ao grupo geral da empresa, do contrário, eles poderão ficar isolados e sem contato.

O trabalho a distância representa claramente novos desafios para os gerentes, mas os benefícios — especialmente em termos de equilíbrio trabalho-vida pessoal e retenção de funcionários — podem ser substanciais.

Horários de trabalho flexíveis

O horário flexível é outro mecanismo para ajudar os funcionários a conseguir o equilíbrio trabalho-vida pessoal. Ele lhes permite trabalhar fora do esquema habitual das 9 às 17h, 40 horas e 5 dias por semana. Isto cria oportunidades para que as pessoas trabalhem e atendam às necessidades de filhos pequenos, parentes enfermos etc.

Muita gente é a favor dos horários flexíveis. Foi o que constatou a empresa de contabilidade e consultoria Deloitte & Touche quando fez uma pesquisa com seus profissionais — homens e mulheres — em 1993. Oitenta por cento disseram que desejavam maior flexibilidade com relação a *onde*, *como* e *quando* trabalhavam. A empresa respondeu no ano seguinte com programas de horário flexível e licenças. Em 2000, cerca de novecentos profissionais da firma participavam de um ou outro desses programas.[10] E os programas ajudaram a reter os profissionais? Claro que sim. Oitenta por cento dos funcionários inscritos nos programas da Deloitte & Touche declararam que teriam saído da firma se os programas não tivessem sido oferecidos. Se você calcular que o custo médio de substituição de 720 profissionais é de 1,5 vez o salário anual (equivalente a US$ 75.000), a economia para a firma é de aproximadamente US$ 81 milhões.

Aqui estão alguns acordos típicos de horário flexível atualmente em uso:

- **Horários reduzidos.** Por exemplo, uma funcionária trabalha das 10 às 17h para poder levar os filhos à escola de manhã.
- **Horários sazonais.** Por exemplo, um especialista em impostos trabalha semanas de 60 horas de janeiro até abril, no período de pico do preenchimento de declarações de rendimentos, e de 30 horas no resto do ano.
- **Horários concentrados.** Por exemplo, para poder se dedicar à sua vocação de ator nos fins de semana, um técnico em computadores trabalha 40 horas de segunda a quinta-feira, deixando a sexta livre para os ensaios.

Os horários flexíveis de trabalho são apreciados por muitos funcionários. Mais importante, eles ampliam o grupo de funcionários potenciais. Se você definir "quem pode trabalhar aqui" de forma muito restrita — das 9 às 17h, de segunda a sexta-feira — estará automaticamente excluindo muita gente qualificada. Qualquer hospital pode confirmar isto. Desesperados para recrutar e reter enfermeiras, quase todos os hospitais expandiram seus grupos de contratação por meio de horários flexíveis. Os primeiros a fazê-lo se diferenciaram das instituições concorrentes. Você também pode. Mas antes prepare sua argumentação.

Mulheres como casos especiais

Tudo o que foi dito até agora sobre a importância do equilíbrio trabalho-vida pessoal e dos mecanismos que o possibilitam dobrará se você estiver tendo problemas para contratar e reter mulheres de talento. Por razões numerosas demais para serem discutidas aqui, as mulheres ainda arcam com o ônus de criar e cuidar dos filhos pequenos e de manter a casa em funcionamento — muitas vezes por opção. Como observou certa vez Felice N. Schwartz, "em sua maioria, as mulheres... são mulheres de carreira e família; isto é, mulheres que querem seguir carreiras sérias e, ao mesmo tempo, participar ativamente da criação dos filhos".[11] Os horários de trabalho tradicionais e as exigências das viagens de negócios colocam essas metas em conflito.

É quase impossível administrar a casa quando os dois cônjuges dão prioridade à carreira. E ainda costuma ser a mulher quem cuida da frente doméstica e do trabalho. É por isso que horários flexíveis, trabalho a distância e programas similares são particularmente apreciados pelas mulheres. E como elas representam a metade do talento do mundo, é um bom negócio fazer o que for preciso para facilitar o máximo possível seu recrutamento e sua retenção. Assim, caso você não tenha programas de trabalho-vida pessoal em sua empresa, pergunte a si mesmo:

- Qual é a rotatividade de mulheres em cargos vitais e como ela se compara com a rotatividade dos homens nos mesmos cargos?
- Nas entrevistas de saída, quais foram os motivos mencionados para deixarem a empresa? Elas estão indo para empresas com programas de trabalho-vida pessoal?

- Em nosso recrutamento para esses cargos, que porcentagem de mulheres, em comparação com homens, tem recusado nossas propostas de emprego? O equilíbrio trabalho-vida pessoal foi um fator para essa recusa?

Se as respostas a essas perguntas apontam para problemas claros na contratação e retenção de mulheres, determine — através de pesquisas — que programa de equilíbrio trabalho-vida pessoal poderá neutralizar esses problemas. Depois, calcule a relação custo/benefício desses programas.

Resumo

Este capítulo examinou três "dimensões do ambiente de trabalho" que podem afetar a capacidade de uma empresa de atrair, contratar e reter bons funcionários:

- **Cultura da empresa:** A cultura da empresa deve ter apelo para os tipos de funcionários que você mais quer atrair e reter. Dependendo dos tipos de pessoas que você está procurando, a cultura poderá ser alterada para tornar-se mais formal ou informal, descontraída ou de ritmo rápido. Ela também deve ser cordial e, tanto quanto possível, sem conflitos internos que aborrecem as pessoas bem-intencionadas.
- **Esgotamento de funcionários:** O esgotamento é um importante fator a ser evitado no local de trabalho. Ele pode levar à queda da satisfação com o trabalho, menor compromisso com a organização e deserções. As pessoas talentosas não ficarão ansiosas para trabalhar na sua empresa se ela tiver fama de "trituradora de pessoas". Esteja alerta para os vários sinais de esgotamento e suas causas básicas, descritos neste capítulo. Você pode evitar ou abrandar o esgotamento por meio da admissão de pessoal adequado, certificando-se de que as pessoas estejam sendo bem treinadas e preparadas para suas funções, dando prioridade à carga de trabalho, à redistribuição periódica e/ou acrescentando variedade às funções dos funcionários.

Equilíbrio trabalho-vida pessoal: Este equilíbrio é um elemento essencial da satisfação, da lealdade e da produtividade dos funcionários. Encontre maneiras de ajudar os funcionários a administrarem com sucesso seus compromissos em casa e no trabalho e você evitará muitos problemas de retenção. E se sua empresa adquirir fama de favorecer este equilíbrio, seus recrutadores terão vantagem em relação a outros na contratação de bons funcionários. O trabalho a distância e os horários flexíveis são dois dos instrumentos mais eficazes para permitir o equilíbrio trabalho-vida pessoal. Dê tanta atenção a eles quanto aos outros aspectos de contratação e retenção.

7

Quando tudo o mais falha

Como manter funcionários talentosos, mesmo depois de deixarem a empresa

Principais tópicos abordados neste capítulo

- *Relacionamento com ex-funcionários e contatos informais para mantê-los na órbita da sua empresa*
- *Os benefícios da recontratação de ex-funcionários*
- *A utilização de entrevistas de saída para descobrir as causas básicas da rotatividade de pessoal*

UMA DAS REALIDADES da retenção, quando se leva em conta o mercado, é que você nunca conseguirá reter todos os funcionários — especialmente os mais talentosos, que têm maior mobilidade. Pessoas se aposentam. São "roubadas" por empresas rivais. Muitas pessoas do perfil empreendedor abrem suas próprias empresas. Outras simplesmente encontram em outros lugares oportunidades que sua empresa não pode proporcionar. Algumas organizações criam a rotatividade de funcionários por uma questão de política. Por exemplo, as empresas de contabilidade e os escritórios de advocacia têm tradições do tipo "sobe ou sai", que resultam em uma rotatividade de 20 a 25% em seus quadros profissionais. Talvez um em cada dez funcionários chegue a sócio da empresa, mas todos os outros devem sair. De fato, uma grande empresa de contabilidade admite que, em qualquer ocasião, a metade dos seus profissionais está na empresa há menos de um ano *ou* a menos de um ano de serem demitidos.

No final, a luta para reter os bons funcionários é inglória. Seja por morte, aposentadoria ou demissão, todos acabam saindo. O máximo que se pode esperar é ter alguma influência sobre quem sai e quando.

Este capítulo explica como você pode minimizar o prejuízo causado pela rotatividade de pessoal — e até mesmo se beneficiar dela — dando atenção às relações com os ex-funcionários e recontratando-os. Também examinamos de que modo as entrevistas de saída podem ser uma fonte de idéias para tornar sua empresa mais atraente.

Mantendo pessoas de valor na sua órbita

Se você é como a maioria dos gerentes, detesta perder um bom funcionário. Em primeiro lugar, existem aquelas perguntas pessoais incômodas: "Será que há algo de errado comigo?" "Eu poderia ter feito alguma coisa para evitar a saída desta pessoa?" Depois, você começa a pensar nas conseqüências: "Isto não vai melhorar nem um pouco minha avaliação de desempenho". "Por que ela tinha que sair bem na metade do nosso projeto mais importante? Isto realmente vai prejudicar nosso trabalho". "Como iremos substituir o trabalho dela até conseguirmos admitir outra pessoa?"

Finalmente, você pensa no que precisará fazer para preencher a vaga — e quanto isso irá custar em tempo e dinheiro. Falar com o RH a respeito da descrição do cargo. Anunciar a vaga. Selecionar dezenas de currículos — quase todos inadequados. Programar as entrevistas e aprovar milhares de dólares para despesas de viagens. Depois, preparar o novo funcionário para o cargo. E o tempo todo você sabe que terá sorte se conseguir uma pessoa tão boa quanto a que saiu.

Perder um bom funcionário é uma grande dor de cabeça e só gera pensamentos negativos e trabalho extra. Mas não permita que isso afete sua separação do funcionário. Em alguns casos, nem se deve usar a palavra separação.

Considere o caso hipotético de Stephen, consultor gerencial da Global Strategy Advisors, uma empresa de serviços. Como acontece freqüentemente com consultores e auditores, Stephen foi tirado do emprego por uma empresa cliente, à qual ele havia prestado serviços de consultoria sobre estratégia de marketing nos últimos quatro anos. Essa empresa estava em busca de um profissional de alto nível para o cargo de vice-presidente de marketing. Stephen era, logicamente, um candidato ao posto e foi convidado pelo CEO a se candidatar. Stephen conhecia a empresa, os concorrentes, o setor e seus melhores métodos. E a empresa conhecia Stephen. Seus executivos e seu pessoal de marketing haviam observado seu desempenho durante vários anos e gostaram do que viram. Em comparação com Stephen, os outros candidatos ao cargo eram apenas pontos de interrogação com bons currículos. Ninguém poderia dizer com certeza como aqueles outros candidatos iriam se sair ou se iriam se adaptar, ao passo que todos concordavam que Stephen era perspicaz e se adequava perfeitamente.

A transferência de Stephen para a empresa cliente parecia ser uma perda para sua firma de consultoria — mas seria mesmo? Agora que era o vice-presidente de marketing de uma empresa que utilizava consultores regularmente, Stephen era um possível cliente, com um orçamento considerável e autoridade para contratar consultoria de marketing externa. Se a sorte favorecesse sua carreira, ele poderia chegar ao nível de CEO, caso em que ele estaria contratando consultores em estratégia de negócios, fusões & aquisições, marketing, TI e outras áreas. E como veterano de consultoria, ele estaria em condições de recomendar diversas firmas para os estagiários e também para os graduados em MBA da sua antiga escola que estivessem interessados em carreiras de consultoria.

Portanto, se a Global Strategy Advisors cuidasse de forma sensata do seu relacionamento com Stephen, sua saída poderia, afinal, não ser uma perda. E se ele não se adaptasse à vida empresarial, Stephen poderia até mesmo voltar à sua antiga empresa em três ou quatro anos — e com a experiência operacional que muitos consultores não têm.

Esta história hipotética não chega a ser fantasiosa no mundo da auditoria e da consultoria. Hoje, as maiores firmas desses setores têm programas regulares para ex-funcionários que:

- mantêm contato com outros ex-funcionários;
- conservam listas atualizadas de ex-funcionários, às quais estes têm acesso;
- divulgam vagas e informações sobre recrutamento;
- oferecem livre acesso às mais recentes pesquisas da firma; e
- organizam eventos que reúnem os ex-funcionários e os funcionários atuais.

O objetivo desses programas é manter os ex-funcionários dentro da órbita da empresa, mesmo depois do rompimento dos seus vínculos oficiais. Isso é bom para os negócios. E também torna a empresa mais atraente para os candidatos em potencial que compreendem que, entrando na empresa, eles passam a fazer parte de uma rede maior de profissionais. Como disse Carl Stern, presidente e CEO do Boston Consulting Group, "Quero que nosso pessoal sinta que entrando para o BCG, eles entraram para uma segunda família e irão fazer parte dela pelo resto das suas vidas".[1]

O que você está fazendo para manter relações produtivas com seus valiosos ex-funcionários? Quer você tenha um programa formal de relações com eles ou use ligações mais informais, manter-se em contato com os funcionários que saíram pode conduzir a novos negócios, informações sobre o mercado e à recontratação ocasional de bons funcionários que "fugiram" temporariamente. Mas a eficácia de qualquer abordagem será determinada pelo modo como você e sua empresa lidam com os funcionários que saem. Quando um bom funcionário comunica sua saída, ele é maltratado? É recebido com frieza? Os chefes lamentam "como você pode sair depois de tudo o que fizemos por você?" Esses comportamentos azedam para sempre o relacionamento. Em vez disso, você deverá:

- parabenizar a pessoa pelo seu novo passo na carreira;
- pedir que o departamento de RH ajude nos trâmites de saída;
- demonstrar apreciação pelas contribuições dele com uma festa de despedida;
- comunicar-se com o funcionário que está de saída dentro de um ou dois meses para saber como ele está se saindo; e
- mantê-lo informado a respeito das oportunidades de emprego na empresa.

Contratando ex-funcionários

A mensagem de Thomas Wolfe de que não se pode voltar para casa não vale para ex-funcionários. Só porque uma pessoa de valor saiu da sua empresa, não suponha que ela foi embora para sempre. Algumas mulheres deixam o emprego enquanto os filhos são pequenos, mas estão prontas a voltar alguns anos depois. Outras pessoas saem em troca do que parece um grande progresso na carreira, mas acabam ficando decepcionadas e desiludidas.

Os recontratados podem constituir um ativo valioso para sua empresa. Em primeiro lugar, eles a conhecem e sabem como conseguir que as coisas sejam feitas. Isto lhes dá uma enorme vantagem sobre as pessoas contratadas de fora, que em geral precisam de muitos meses para aprender como as coisas funcionam e se tornarem eficazes. Em segundo lugar, os recontratados voltam com uma experiência mais ampla e, em muitos casos, novas qualificações. Finalmente, toda pessoa que volta transmite às outras uma mensagem clara: a grama não é mais verde lá fora.

Existem poucas estatísticas sobre o número de recontratados, ou bumerangues, como também são chamados. Por exemplo, em 2000, a empresa de contabilidade Ernst & Young afirmou em seu *site* que quase 25% dos seus recém-contratados para atendimento a clientes na América do Norte eram ex-funcionários. Durante o ano seguinte — quando a maioria das empresas não estava contratando ninguém — a Ernst & Young fez um esforço especial para voltar a recrutar bons funcionários especializados em TI que haviam saído para trabalhar nas então decadentes empresas pontocom. Ela até montou um escritório de contatos com ex-funcionários para lidar com este aspecto importante do seu negócio de recursos humanos.[2]

Aqui estão algumas idéias que você pode pôr em prática para aumentar o número de recontratações:

- Resolva os problemas que fizeram com que eles saíssem. Entrevistas de saída e investigações diretas são as melhores maneiras de determinar as verdadeiras causas das demissões. Se você descobrir que um mau gerente regional fez com que seus melhores vendedores se demitissem, substitua-o — e então convide os melhores a voltarem.

- Mantenha abertas as linhas de comunicação entre sua empresa e os melhores ex-funcionários. Use algumas das táticas citadas acima. Comunique-se periodicamente com eles, pergunte como estão se saindo em seus empregos e mantenha-os atualizados sobre as novas vagas na sua empresa.

- Facilite ao máximo o reemprego. Há um certo desconforto associado ao retorno a um antigo emprego. Elimine o desconforto por meio de declarações públicas do tipo "Nossa porta está sempre aberta para ex-funcionários de valor". Comemore cada retorno como se fosse o retorno de um antigo cliente. "Estamos felizes com sua volta!"

Talvez a maior e mais comemorada recontratação em época recente tenha sido feita pela Apple Computer, do seu fundador Steve Jobs. Ele voltou ao seu antigo cargo mais velho e mais experiente e, sem dúvida, mais sábio, e seu retorno marcou o início de uma importante revitalização para a então problemática empresa. É pouco provável que qualquer um dos seus recontratados venha a ter o mesmo impacto de Steve Jobs na Apple, mas você já sabe muito a respeito da pessoa que está admitindo e o resultado da recontratação tem maior probabilidade de sucesso do que se você contratasse um desconhecido.

Entrevistas de desligamento

A maioria dos departamentos de RH faz entrevistas de desligamento com os funcionários que vão embora, diretamente ou por meio de questionários. O objetivo dessas entrevistas é obter *feedback* sobre a empresa, suas operações, as causas básicas da rotatividade de pessoal e sobre o desempenho dos seus gerentes, de pessoas que têm agora menos motivos para ocultar suas opiniões.

Caso sua empresa não faça isso — ou não de modo sério e sistemático — insista na mudança. No mínimo, uma entrevista de saída deveria buscar respostas para as seguintes perguntas:

- O que o atraiu inicialmente para esta empresa?
- Até que ponto (numa escala de 1 a 5) você estava satisfeito com seu emprego aqui?
- Como você avaliaria seu chefe ou supervisor (mais uma vez, numa escala de 1 a 5) em vários aspectos: capacidade de comunicação, liderança, justiça, desenvolvimento de funcionários etc.?

- Por que você está saindo? (se a saída é voluntária)
- Você pensaria em se candidatar a outro cargo aqui no futuro?
- Como podemos tornar esta empresa um lugar melhor para se trabalhar?

As respostas obtidas por intermédio de muitas entrevistas de saída podem ajudá-lo a identificar as principais causas da rotatividade de pessoal e a elaborar uma estratégia sólida para aumentar a retenção. Neste sentido, as informações colhidas nas entrevistas de saída constituem uma parte importante do melhoramento contínuo do ambiente de trabalho. É provável que sua empresa, visando a melhorar a qualidade dos processos, busque as causas básicas da produção abaixo do padrão em outras partes da organização — na produção, nos níveis de atendimento aos clientes, e assim por diante. Aquilo que os funcionários que saem lhe dizem deve ser usado da mesma maneira.

Resumo

Reconhecendo que a rotatividade de funcionários é inevitável, este capítulo apresentou três maneiras pelas quais você poderá se beneficiar da saída de funcionários:

- Mantenha contato e bons relacionamentos com os ex-funcionários; isso poderá proporcionar à sua empresa novos negócios, informações sobre o mercado e, em alguns casos, recontratações.
- Veja os ex-funcionários talentosos como possíveis candidatos a uma recontratação; na maior parte dos casos, um ex-funcionário volta com mais experiência e novas qualificações — fatores que podem beneficiar sua empresa.
- Use as entrevistas de saída para obter o máximo possível de informações a respeito das principais causas da rotatividade de pessoal.

APÊNDICE A

Amostra de descrição de cargo

Uma descrição de cargo é um perfil de um determinado cargo, de suas funções essenciais, de seus vínculos de subordinação, de suas horas de trabalho e dos requisitos exigidos. Ela identifica aquilo que um candidato ao cargo concorda em fazer em troca do salário e dos benefícios. Em vez de focalizar o modo como um funcionário deve utilizar seu tempo, uma boa descrição de cargo deve focalizar o desempenho e os *resultados* que a empresa espera no negócio. Como será o sucesso? Como será medido? Como o trabalho do funcionário deverá contribuir para a missão e as necessidades da empresa? Ela também é uma tentativa de descrever as habilidades necessárias ao desempenho do cargo.

A amostra apresentada a seguir contém os elementos básicos que você deverá incluir nas descrições de cargo que elaborar.

Você deve revelar a faixa salarial na descrição de cargo? Muitas empresas relutam em fazê-lo temendo ofender os funcionários existentes, preferindo ocultar as práticas desiguais de contratação. Nos Estados Unidos isto não é só mau gerenciamento; também é potencialmente ilegal, se isto indica que você não está oferecendo o mesmo pagamento pelo mesmo trabalho.

Para sua conveniência, você poderá usar o formulário "Perfil do cargo" a fim de elaborar descrições de cargos para as vagas na sua empresa.

Perfil do cargo

Título do cargo: Secretária II

Nível salarial: 6

Experiência e habilidades exigidas/preferidas: exigidos 2-3 anos de experiência como secretária; exigida experiência em processamento de textos e planilhas, de preferência com MS Word 2000 e MS Excel 5.0. Facilidade de comunicação e capacidade para trabalhar em equipes de projetos são essenciais; exigida a capacidade de digitar 80 palavras por minuto.

Educação: Exigido treinamento pós-segundo grau em administração ou secretariado; de preferência, formação universitária.

Funções essenciais: essas funções incluem, mas não se limitam a.

- Digitação e revisão de correspondência, memorandos e relatórios
- Organização e manutenção de arquivos departamentais
- Inclusão de dados em planilhas
- Atender o telefone e marcar compromissos para o pessoal de vendas

Outras funções: contribuir para as metas departamentais cumprindo as tarefas acima, conforme exigido.

Faixa salarial: de US$ 20.000 a US$ 25.000 anuais.

APÊNDICE B

Perguntas específicas para entrevistas de contratação

Este apêndice oferece um banco de perguntas para entrevistas que você poderá usar a fim de obter dos candidatos a um cargo as informações de que necessita. Lembre-se de que não se pode tomar uma boa decisão de contratação sem informações boas e suficientes a respeito do candidato. E uma decisão errada poderá custar muito a você e à sua empresa. As perguntas estão organizadas por categoria.

Introdução

O que o atraiu para nossa empresa (este cargo)?

Como você ficou sabendo da existência desta vaga?

Informe-se a respeito do emprego atual do candidato ou do mais recente

Como você conseguiu seu atual emprego?

Quais são (eram) suas áreas de responsabilidade?

Descreva um dia típico em seu cargo atual (mais recente).

O que você acha mais satisfatório a respeito do seu trabalho? Por quê?

O que você acha mais frustrante a respeito do seu trabalho? Por quê? Como lida com essas frustrações?

Qual é o aspecto mais desafiador do seu cargo? Por quê?

O que você mais aprendeu neste cargo? Como isso contribuiu para seu crescimento?

Se perguntássemos ao seu atual empregador a respeito da sua capacidade, o que ele diria?

Como seus subordinados diretos o descrevem? E seus colegas?

Qual foi, para seu gerente atual ou mais recente, sua maior contribuição?

Experiência profissional

Como sua experiência profissional preparou você para este cargo?

Descreva uma ou duas das suas maiores realizações e suas maiores decepções.

Qual foi o desafio mais importante que você gerenciou? Como fez isso?

Qual foi a realização mais criativa que você teve no trabalho?

O que você pode dizer a seu próprio respeito que tenha contribuído para seu sucesso?

Você pode falar a respeito de uma nova iniciativa ou novo procedimento em que trabalhou que teve um impacto positivo?

Dê dois exemplos de boas decisões e de más decisões tomadas por você em sua vida profissional.

Descreva uma ocasião em que seu desempenho no trabalho ficou abaixo das expectativas.

Que atributos você poderá trazer para este cargo?

Dê-me um exemplo da sua capacidade de supervisionar outras pessoas.

Avalie as habilidades do candidato

Você se considera uma pessoa de iniciativa? Em caso positivo, explique por quê. Dê exemplos.

Qual é seu ponto mais forte que poderá beneficiar nossa organização?

Como você já influenciou positivamente outras pessoas para que um trabalho fosse concluído?

Descreva uma decisão que tomou quando não dispunha de todas as informações pertinentes.

Fale-me de uma ocasião em que tomou uma decisão com rapidez.

Como você apoiou uma nova política ou um novo procedimento com o qual não concordava?

De que modo você motiva seus subordinados diretos? E seus colegas?

Descreva uma situação em que teve de buscar informações, analisá-las e tomar uma decisão.

Descreva uma decisão de alto risco que você tomou recentemente. Como chegou a ela?

Avalie o estilo do candidato

De todos os empregos que teve, de qual você mais gostou? Por quê?

Como você preferia ser supervisionado em seus empregos anteriores?

Como seus antigos supervisores o apoiaram em seu cargo? E em sua carreira?

Em que tipo de organização você prefere trabalhar?

Você prefere trabalhar em grupo ou sozinho?

Descreva uma experiência de trabalho em grupo que achou compensadora.

Que qualidades você valoriza em seu supervisor?

Em que tipo de ambiente você se sente mais eficaz?

De quanta orientação e de quanto *feedback* você precisa para ser bem-sucedido?

O que é mais estimulante para você em relação a mudanças? E o que o deixa mais frustrado?

Como você lidou com mudanças organizacionais?

Como você se descreve como supervisor?

Como seu supervisor o descreveria?

Qual foi a decisão gerencial mais difícil que já precisou tomar?

Com que tipo de pessoa você gosta de trabalhar?

Com que tipo de pessoa você acha mais difícil trabalhar? Por quê?

Que coisas o deixam mais frustrado no trabalho? Como você lida com elas?

Aspirações e metas de carreira

Que coisas você gostaria de evitar em seu próximo emprego? Por quê?

Por que você está saindo do seu emprego atual?

Como este emprego se encaixa em seus planos geral de carreira?

Onde você se vê daqui a três anos?

Como suas aspirações em relação à carreira mudaram ao longo dos anos? Por quê?

O que você mais gostaria de realizar se conseguir este emprego?

Educação

Que aspectos especiais da sua educação, da sua experiência ou do seu treinamento o prepararam para este cargo?

Em que áreas você mais precisaria (gostaria) de treinamento adicional, caso consiga este cargo?

Que aspectos da sua educação ou do seu treinamento serão úteis para este cargo?

Quais são suas metas educacionais?

Atendimento aos clientes

Descreva uma ocasião em que você trabalhou para atender às necessidades de um cliente. Quais eram as necessidades dele? Como você deu-lhe assistência? Que providências tomou e qual foi o resultado?

Autocontrole

Descreva uma ocasião em que você lidou com uma situação particularmente estressante, ou com um colega ou cliente hostil. Qual era a situação? Que providências você tomou? O que disse? Qual foi a resposta ou reação?

Pensamento crítico

Fale-me a respeito de uma ocasião em que teve de avaliar uma situação para resolver um problema. Qual era a situação? Que providências você tomou? Qual foi o resultado? Como soube que fora bem-sucedido?

Orientação para resultados

Descreva uma ocasião em que você tomou a iniciativa para melhorar sua maneira de trabalhar ou o modo como alguma coisa funcionava (um processo, um sistema, uma equipe). O que motivou a situação? Que providências você tomou? Qual foi o resultado? Como soube que sua solução era um melhoramento?

Encerramento

Existem outros aspectos de suas qualificações que não abordamos e que seriam relevantes para o cargo que estamos discutindo? Que perguntas você tem a respeito da nossa organização?

APÊNDICE C

Armadilhas legais em contratações

Nota: Este apêndice só é aplicável a situações de contratação nos Estados Unidos.

O trabalho nos Estados Unidos é regido por muitas leis sobre contratações, demissões, discriminação, assédio sexual, benefícios e pensão, e atividades sindicais, para citar apenas alguns assuntos. As leis relativas à discriminação em contratações protegem os candidatos a empregos de perguntas que não estão diretamente relacionadas à sua capacidade para executar o trabalho.

As leis importantes aplicadas às contratações são as seguintes:

- A Lei dos Direitos Civis de 1964, que proíbe o uso de exigências arbitrárias e artificiais que criariam barreiras reais ao emprego devido à raça, ao sexo, à nacionalidade, à etnia ou à religião de uma pessoa.
- A Lei da Discriminação por Idade no Emprego, que proíbe a discriminação no local de trabalho de pessoas com quarenta anos ou mais.
- A Lei da Discriminação Contra a Gravidez, de 1978, que proíbe a discriminação no local de trabalho por causa de gravidez ou de um problema de ordem médica relacionado a ela.
- A Lei dos Americanos com Deficiências, de 1990, que proíbe a discriminação de pessoas física e mentalmente incapacitadas.

- A Lei de Reforma e Controle da Imigração, de 1986, que proíbe a discriminação de indivíduos com base em nacionalidade e cidadania.

Este apêndice apresenta sugestões sobre o modo como você, na função de entrevistador para empregos, pode obter as informações de que necessita sem infringir nenhuma dessas leis. Ele não pretende ser completo, nem uma fonte de orientação jurídica. Sua única finalidade é alertá-lo para os aspectos do processo de contratação com os quais é preciso tomar cuidado.

Quando estiver contratando alguém, há algumas perguntas que você não pode fazer sem o risco de responsabilidade legal. Os departamentos de RH estão bem informados a respeito dessas perguntas e evitam que alguma delas apareça nos formulários a serem preenchidos pelos candidatos a empregos. As perguntas proibidas nesses formulários também são proibidas durante entrevistas para empregos. A seguir, são mencionados os assuntos sobre os quais você *não* deve fazer perguntas ou então tomar muito cuidado:

- **Idade ou data de nascimento.** Isto pode colocá-lo em colisão com a Lei de Discriminação por Idade no Emprego. Mas determinados cargos de segurança pública têm limites de idade para admissão. Perguntas a respeito da idade podem ser feitas se forem necessárias para atender a cláusulas legais estaduais ou federais. Por exemplo, você *pode* perguntar: "Caso seja contratado, você poderá provar que tem mais de 18 anos de idade?" Você precisará da idade verdadeira e da data de nascimento para cumprir as exigências do plano de benefícios e de outros planos da empresa; entretanto, essas informações só podem ser obtidas *depois* que a pessoa for contratada.

  Outras perguntas *ilegais* relacionadas à idade são: "Quando você planeja se aposentar?" "Você aceitaria trabalhar para um gerente mais jovem?" "Você acha que poderá acompanhar os funcionários mais jovens?"

- **A religião do candidato.** Nenhuma pergunta sobre este assunto pode ser feita, exceto por organizações religiosas, segundo cláusulas de determinados estatutos. Também não se pode perguntar: "Você pretende deixar de trabalhar nos seus feriados religiosos?" "Você tem alguma prática religiosa incomum que devemos saber?" "Você acha que pode se encaixar em nosso departamento, em sua maioria (nome da religião)?"

É apropriado perguntar "Este cargo exige trabalho (viagens) em fins de semana. Você tem alguma responsabilidade que seja conflitante com essa exigência?"

- **Estado civil.** Nunca pergunte se o candidato é solteiro ou casado. Evite também qualquer pergunta que possa ser interpretada como tentativa indireta de determinar o estado civil, como: "Em que seu marido/sua mulher trabalha?"

- **Intenção de ter filhos.** Esta é outra área proibida. Não pergunte "Você tem filhos?" "Pretende ter filhos?" Perguntas indiretas nesta área também são proibidas, como: "Que providências você teria que tomar para cuidarem dos seus filhos caso consiga este emprego?"

- **Raça.** Nunca pergunte ao candidato a respeito de sua raça ou etnia. Também não se pode exigir que a pessoa anexe uma foto ao seu pedido de emprego ou currículo.

- **Sexo ou orientação sexual.** Outra área proibida.

- **Nacionalidade, etnia e/ou descendência.** Não faça nenhuma pergunta a este respeito; nem a respeito da nacionalidade dos pais, do cônjuge ou de outros parentes próximos do candidato. E não cometa o erro inocente de dizer: "Draculaskov é um sobrenome interessante. De onde vem?" Outras perguntas que não podem ser feitas são: "Você fala inglês em casa?" Você usará roupas americanas para trabalhar ou originárias da sua terra?"

- **Cidadania.** Você *não* pode perguntar: "Você é cidadão americano?" Nem perguntar sobre a cidadania dos pais ou do cônjuge do candidato. Mas você pode perguntar: "Você está legalmente autorizado a trabalhar nos Estados Unidos?" Ou: "Caso seja contratado, você terá condições de apresentar provas de que pode trabalhar nos Estados Unidos?"

- **Incapacidade ou deficiência.** Não pergunte se o candidato tem alguma incapacidade ou deficiência física ou mental, nem a respeito da sua gravidade. Isto vale também para perguntas a respeito de alcoolismo, vício de drogas e Aids. Entre outras perguntas ilegais estão: "Você está tomando algum medicamento?" "Consulta médicos com freqüência?" "Já foi hospitalizado ou recebeu auxílio-doença?"

  Mas você pode perguntar "Você é capaz de desempenhar as funções essenciais deste cargo com ou sem adaptação razoável?"

- **Educação.** Não faça pergunta nenhuma, a não ser que a formação escolar esteja claramente relacionada à capacidade de executar o trabalho. Por exemplo, um candidato a um cargo de analista financeiro precisa satisfazer determinados requisitos educacionais em matemática, finanças e estatística; um candidato a balconista, não. No entanto, evite perguntas concebidas para determinar a idade do candidato.

- **Registros de prisão e condenação.** A menos que a pessoa esteja se candidatando a um cargo suscetível em termos de segurança, você não pode perguntar a respeito deste assunto.

- **Apreensão judicial de salários.** Nunca pergunte "Seus salários estão sendo mantidos à disposição da justiça?"

Se existe um conselho simples neste labirinto de categorias de "não pergunte", é o seguinte: se a sua pergunta não está ligada *diretamente* ao cargo em questão, não a faça.

Notas

Introdução

1. Para saber mais sobre o custo de "contratações erradas", ver Bradford D. Smith, *Topgrading* (Nova York: Prentice-Hall Press, 1999), 45-59.

Capítulo 1

1. Baseado em "21st-century job descriptions", *Harvard Management Communication Letter* (fevereiro de 2001): 10-11.
2. Pierre Mornell, *Hiring Smart!* (Berkeley, CA: Ten Speed Press, 1998), 123.
3. Idem, 124.

Capítulo 2

1. Esta parte se baseia muito em "Online hiring? Do it right", *Harvard Management Update*, fevereiro de 2000.
2. Peter Cappelli, "Making the most of on-line recruiting", *Harvard Business Review* 79, n. 3 (março de 2001): 139-146.
3. Claudio Fernández-Aráoz, "Hiring without firing", *Harvard Business Review* 77, n. 4 (julho-agosto de 1999): 108-120.
4. Idem, 114.
5. Ibidem, 114-115.
6. Ver Melissa Raffoni, "Use case interviewing to improve your hiring", *Harvard Management Update*, julho de 1999.
7. Idem.

8. Timothy Butler e James Waldroop, "Job Sculpting: the art of retaining your best people", *Harvard Business Review* 77, n. 5 (setembro-outubro de 1999): 144-152.
9. Idem, 144-152.
10. Subrata Chakravarty, "A model of superb management: hit'em hardest with the mostest", *Forbes*, 16 de setembro de 1991: 48-51.
11. Conforme contado em Dwight Gertz e João P.A. Baptista, *Grow to be great** (Nova York: The Free Press, 1995), 154-155.
12. O material desta seção foi extraído de Edward Prewitt, "Personality tests in hiring: how to do it right", *Harvard Management Update*, outubro de 1998.
13. Todas as citações de Tom Norton são mencionadas em Prewitt.
14. Idem.

Capítulo 3

1. "Commitment in the workplace: the 1999 employee relationship report benchmark study", Hudson Institute/Walker Information.
2. Anthony J. Rucci, Steven P. Kirn e Richard T. Quinn, "The employee-customer-profit chain at sears", *Harvard Business Review* 76, n. 1 (janeiro-fevereiro de 1998): 83-97.
3. Dave Ulrich, Richard Halbrook, Dave Meder, Mark Stuchlik e Steve Thorpe, "Employee and customer attachment: synergies for competitive advantage", *Human Resource Planning* 14, n. 2 (junho de 1991): 89-103.
4. "Attraction and retention from employee perspectives", William M. Mercer, Internal Report, abril de 1998.
5. "How to keep your 50-somethings", *Harvard Management Update*, setembro de 1999.
6. Kristen B. Donahue, "Why women leave — And what corporations can do about it", *Harvard Management Update*, junho de 1998.
7. Ed Michaels, Helen Handfield-Jones e Beth Axelrod, *The war for talent*** (Boston, MA: Harvard Business School Press, 2001), 47.
8. Charles Fishman, "Sanity, Inc.", Fast Company, janeiro de 1999, 87.

---

*Publicado no Brasil com o título *Crescer para lucrar sempre*, pela Ed. Campus. (N.E.)

**Publicado no Brasil com o título *A guerra pelo talento — O talento como diferencial estratégico entre as empresas*, pela Ed. Campus. (N.E.)

Capítulo 4

1. Peter Cappelli, "A market-driven approach to retaining talent", *Harvard Business Review* 78, n. 1 (janeiro-fevereiro de 2000): 103-111.
2. A aplicação de conceitos de retenção de clientes ao problema da retenção de funcionários foi abordada em um trabalho não publicado de Robert Duboff, *Hobson's solution: putting people and customers first*, Ernst & Young, LLP, 2001. Nele, Duboff aconselha as empresas a começarem a ver seus funcionários como clientes. Para ele, isso permite a aplicação de conceitos comprovados de marketing à tarefa de identificar e reter os funcionários e segmentos de funcionários mais valiosos.
3. Idem, 107.
4. Ver Frederick Herzberg, "One more time: how do you motivate employees?" *Harvard Business Review* 65, n. 5 (setembro-outubro de 1987): 109-120.
5. Comunicado à imprensa da American Management Association/Ernst & Young Survey, Ernst & Young, LLP, 20 de abril de 1999.
6. Cappelli, "A market-driven approach to retaining talent", 105-106.
7. Timothy Butler e James Waldroop, "Job sculpting: the art of retaining your best people", *Harvard Business Review* 77, n. 5 (setembro-outubro de 1999): 144-152.
8. Cappelli, "A market-driven Approach to retaining talent", 108.
9. Idem, 109.

Capítulo 5

1. The Gallup Organization, *Employees speak out on job training: findings of a new nationwide study*, 1999.
2. U.S. Bureau of Labor Statistics, "BLS reports on employer-provided formal training", comunicado à imprensa, 23 de setembro de 1994.
3. Clair Brown e Michael Reich, "Developing skills through career ladders: lessons from japanese and U.S. Companies, *California Management Review* 39, n. 2 (inverno de 1997): 124-125.
4. Idem, 129.
5. "Corporate universities: the new pioneers of management education: an interview with Jeanne Meister", *Harvard Management Update*, outubro de 1999.

6. Ver Edward E. Gordon, "Investing in human capital: the case for measuring training ROI", *Corporate University Review* (janeiro-fevereiro de 1997).
7. William Wiggenhorn, "Motorola U: when training becomes an education", *Harvard Business Review* 68, n. 4 (julho-agosto de 1990): 75.
8. Linda A. Hill, *Becoming a manager** (Boston, MA: Harvard Business School Press, 1992), 218.
9. Beth Axelrod, Helen Handfield-Jones e Ed Michaels, "A new game plan for C players", *Harvard Business Review* 80, n. 1 (janeiro de 2002): 83.
10. Idem, 85.
11. Hank Gilman e Lori Ioannou, "The smart way to hire superstars", *Fortune*, 10 de julho de 2000, edição *online*, www.fortune.com

Capítulo 6

1. Rhona Rapaport e Lotte Bailyn, "Rethinking life and work", The Ford Foundation, www.fordfound.org.
2. Juliet Schor, *The overworked american* (Nova York: Basic Books, 1998), 12.
3. Stewart D. Friedman, Perry Christensen e Jessica DeGroot, "Work and life: the end of the Zero Sum Game", *Harvard Business Review* 76, n. 6 (novembro-dezembro de 1998): 119-129.
4. Idem, 121.
5. Ibidem, 122.
6. Ibidem, 124.
7. Ver no site da ITAC em http://www.telecommute.org uma definição de trabalho a distância e seus mais recentes resultados de pesquisa.
8. Ver em http://www.att.com/telework a pesquisa mais recente da AT&T sobre trabalho a distância. O *site* também inclui muitos artigos sobre este assunto, bem como um guia para a implantação de programas e políticas de trabalho a distância.
9. Mahlon Apgar IV, "The alternative workplace: changing where and how people work", *Harvard Business Review* 76, n. 3 (maio-junho 1998): 121-136.
10. Ver http://www.deloitte.com/more/women/wiar/movie.html

---

*Publicado no Brasil com o título *Novos gerentes: assumindo uma nova identidade*, pela Editora Makron Books. (N.E.)

11. Felice N. Schwartz, "Management women and the new facts of life", *Harvard Business Review* 67, n. 1 (janeiro-fevereiro de 1989): 65-76.

Capítulo 7

1. Ver o *site* do BCG, https://www.bcg.com/alumni/alumni_login.asp, 22 de fevereiro de 2002.
2. "Alumni relations during a downturn", *Daily Deal*, 27 de setembro de 2001.

Glossário

ASSOCIAÇÃO Oportunidade de trabalhar com colegas estimados, admirados e respeitados; um valor do trabalho que muitos funcionários consideram importante.

AUTÔNOMO Trabalhador que atende a vários clientes em base temporária e por contrato.

BUMERANGUE Um ex-funcionário que é recontratado.

CAPITAL INTELECTUAL Conhecimentos e qualificações de funcionários que criam valor para a orgnização.

CONTATOS COM EX-FUNCIONÁRIOS Um programa organizado que tem o objetivo de manter elos positivos entre a empresa e os ex-funcionários.

DESCRIÇÃO DE CARGO Perfil de um cargo, suas funções essenciais, vínculos de subordinação, horas de trabalho e requisitos exigidos.

DIVERSIDADE Variação em idade, sexo, raça, etnia, orientação sexual, capacidade física e outras características da força de trabalho.

ESGOTAMENTO Exaustão resultante de sobrecarga de trabalho ou de outras mudanças nas condições de trabalho de um funcionário.

EQUILÍBRIO TRABALHO-VIDA PESSOAL Oportunidade para que os funcionários dediquem tempo a assuntos profissionais e particulares em suas vidas.

FORÇA DE TRABALHO CONTINGENCIAL A parcela da força de trabalho composta de funcionários em tempo parcial, autônomos e trabalhadores temporários.

MACROCULTURA A atmosfera geral de uma empresa, seus valores e modos de interação interpessoal.

MICROCULTURA Atmosfera, valores e modos de interação interpessoal que caracterizam uma divisão, um departamento ou uma equipe.

MUDANÇA DEMOGRÁFICA Mudança na composição de uma população (por exemplo, idade, sexo ou proporções raciais).

REDUÇÃO DE QUADRO Saída de funcionários.

REFORMULAÇÃO DO CARGO Reformular o papel atual de um funcionário para que ele seja capaz de manifestar seus interesses básicos, realizar o trabalho ao qual dá mais valor e utilizar ou adquirir as qualificações que ele deseja desenvolver.

RETENÇÃO Manter funcionários talentosos na força de trabalho.

ROTATIVIDADE DE PESSOAL Mudança na força de trabalho de uma empresa, à medida que funcionários saem e novos contratados chegam. A rotatividade de pessoal é a soma das saídas voluntárias e involuntárias.

Leituras recomendadas

Adequação cultural

HARRIS, Jim e Joan Brannick. *Finding and keeping great employees.* Nova York: Amacom, 1999. Este livro focaliza culturas corporativas — conhecer a cultura da sua empresa, desenvolvê-la, comunicá-la, usá-la para reter pessoal. Inclui dois capítulos sobre os melhores métodos de retenção, apresentando princípios ("envolver a alma") e exemplos da vida real (por exemplo, a Timberland permite que seus funcionários dediquem até quarenta horas anuais a projetos externos).

ROTH, Daniel. "My job at The Container Store", *Fortune*, 10 de janeiro de 2000. Quer uma visão interna de como a cultura pode manter funcionários? Este artigo lhe dá uma idéia de como é trabalhar na The Container Store — eleita a melhor empresa para se trabalhar nos Estados Unidos.

STAUFFER, David. "Cultural fit: why hiring good people is no longer good enough", *Harvard Management Update*, março de 1998. As buscas de bons candidatos estão ficando mais dispendiosas e mais difíceis para os departamentos de RH em empresas de todos os portes. Com a tentadora opção de aceitar um "quase adequado", muitos profissionais alertam para o fato de que encontrar uma pessoa que se adapte à cultura e aos valores da empresa é no mínimo tão importante quanto achar uma pessoa com as qualificações corretas. O artigo também dá algumas sugestões a respeito de como conduzir o processo de busca.

Contratação

ADAMS, Bob e Peter Veruki, *Streetwise hiring of top performers.* Holbrook, MA: Adams Media Corporation, 1997. Os autores compilaram uma extensa lista de perguntas de entrevistas, com anotações para indicar como elas podem ser úteis para o entrevistador. Também há vários capítulos descrevendo o próprio processo da entrevista.

MORNELL, Pierre, Dr. 45 *Effective ways for hiring smart! How to predict winners & losers in the incredibly expensive people-reading game*. Berkeley, CA: Ten Speed Press, 1998. Apresenta estratégias para a avaliação de candidatos, enfatizando o comportamento, não as palavras. Abrange todos os estágios do processo de contratação, da pré-entrevista de seleção até a entrevista para verificar referências e antecedentes.

ROBERTS, Michael J. "Note on the hiring and selection process", *Harvard Business School Case Note*, #9-393-093, 1993. Descreve um modelo para se pensar a respeito do processo de contratação e seleção.

SWAN, William S. *Swan's how to pick the right people program*. Nova York: John Wiley & Sons, Inc., 1989. Apresenta um método testado e sistemático para a escolha dos melhores candidatos.

Custo da rotatividade de pessoal

Um *site* mantido pela University of Wisconsin-Cooperative Extension oferece uma forma prática de calcular o custo da rotatividade de pessoal que lhe permite entrar com dados de custos específicos da sua empresa e determinar rapidamente o custo da rotatividade por funcionário. Ver a http://www.uwex.edu/ces/cced/publicat/turn.html. Ver também http://www.advantagehiring.com/calculators/ahi_calc_turnover.htm

KAYE, Beverly e Sharon Jordan-Evans. "Retention: tag, you're it!" *Training & Development*, abril de 2000. Neste artigo, as autoras explicam os verdadeiros custos de se perder um funcionário de valor e mostram como diagnosticar — e eliminar — as diferenças entre suas metas desejadas e reais de retenção. Inclui dicas sobre a formação de uma força-tarefa de retenção.

Entrevistas

FALCONE, Paul, 96 *Great interview questions to ask before you hire*. Nova York: Amacom, 1997. Este livro apresenta uma série de perguntas para entrevistas com notas que explicam como usá-las e como fazer seu acompanhamento. As perguntas estão classificadas por finalidade e por tipo de candidato a emprego.

HATTERSLEY, Michael. "Conducting a great job interview", *Harvard Management Update*, março de 1997. Este artigo explica como ir além da fórmula de perguntas e respostas do candidato bem preparado para entrevistas.

KANTER, Arnold B. *The essential book of interviewing*. Nova York: Random House, 1995. O livro de Kanter oferece, a entrevistadores e entrevistados, as técnicas para dominar o processo de entrevistas. Ele explica como se preparar para uma entrevista, fazer as perguntas certas e evitar as erradas, e como tomar decisões.

Equilíbrio trabalho-vida pessoal

Para as empresas que estão pensando em um programa de trabalho a distância, a International Telework Association & Council (ITAC) oferece seu "e-Work guide: how to make telework work for your organization". O guia de 100 páginas (US$ 99) contém práticas recomendadas por especialistas em trabalho a distância. Procure em www.telecommute.org/brp/ework_guide.shtml.

A AT&T também possui muitas informações sobre o modo de iniciar o trabalho a distância. Ela também vende serviços de consultoria a empresas que querem iniciar programas. Seu *site*, www.att.com/telework/get_started, tem informações sobre este assunto para funcionários, gerentes e empresas.

MOORE, Jo-Ellen. "Are you burning out valuable resources?" *HR Magazine*, janeiro de 1999. O esgotamento resultante do trabalho é um motivo importante pelo qual as pessoas deixam o emprego. Este artigo mostra como é o esgotamento, quem é mais suscetível (seus funcionários de melhor desempenho!), e como você pode lidar com funcionários esgotados.

Geral

"Finding — and keeping — good young employees", *Harvard Management Update*, outubro de 1999. O número de trabalhadores entre 25 e 34 anos de idade caiu cerca de 12% desde 1990 e continuará caindo por vários anos. Para enfrentar esta escassez, algumas empresas se concentram em novas estratégias de recrutamento, terceirizam ou automatizam tarefas anteriormente executadas por funcionários recém-admitidos ou contratam pessoas que antes não as teriam interessado. Mas consultores dessa área dizem que também existe aqui uma oportunidade de reinventar o que constitui um emprego e um local de trabalho. A HMU pediu aos especialistas sugestões sobre a definição da combinação certa de estratégias para solucionar os problemas de pessoal da sua empresa.

SMART, Bradford. Topgrading: *How leading companies win by hiring, coaching, and keeping the best people*. Nova York: Prentice-Hall Press, 1999. Smart revela seu método de investigação intensiva dos candidatos a cargos vitais.

Recrutamento

"Online hiring? Do it right", *Harvard Management Update*, fevereiro de 2000. Os gerentes podem encontrar novos funcionários por meio da Internet — mas não apenas divulgando as vagas. A Internet permite que os gerentes tenham acesso a uma quantidade maior de possíveis candidatos, em jurisdições não disponíveis no passado. Ela também permite que as empresas concentrem seus esforços de recrutamento e se diferenciem das concorrentes por meio de táticas eletrônicas criativas. Este artigo oferece algumas orientações, e um suplemento intitulado "Keep web hiring in perspective" descreve os aspectos negativos da contratação *online*.

CAPPELLI, Peter. "Making the most of on-line recruiting", *Harvard Business Review* 79, n. 3 (março de 2001): 139-146. Este artigo analisa a contratação correta através das lentes da tecnologia de recrutamento, mostrando como ela permite à empresa encontrar, atrair e selecionar candidatos.

Retenção

The Center for Organizational Research. A *research report on the brave new world of recruiting and retention: facts, trends, practices, and strategies*. Lexington, MA: Linkage, Inc., 2000. Este artigo mostra aos gerentes como implementar uma estratégia-chave de retenção: ajudar os funcionários a redefinir seus papéis atuais para que o trabalho combine melhor com seus interesses básicos, os valores relativos à recompensa do trabalho e suas qualificações

DOBBS, Kevin. "Winning the retention game", *Training*, setembro de 1999. Nesta seleção, Dobbs afirma a importância da elaboração de estratégias criativas para a retenção de funcionários — enfatizando que as abordagens do tipo padronizado não funcionam mais. Ele aborda as novas regras que orientam os padrões de rotatividade de pessoal e apresenta sugestões para evitar a saída de pessoal por meio de regalias criativas.

O'REILLY, Charles e Jeffrey Pfeffer, "Southwest Airlines: using human resources for competitive advantage (A)", Case HR1A. Stanford: Stanford University Graduate School of Business, 1995. Este estudo de caso oferece uma visão detalhada do ambiente de trabalho na SWA e as características que tornam seus funcionários leais e orientados para os clientes.

Treinamento e desenvolvimento de carreiras

CAPPELLI, Peter. *The new deal at work: managing the market-driven workforce.* Boston: Harvard Business School Press, 1997. O autor apresenta a abordagem orientada para o mercado aplicada aos recursos humanos, focalizando o dilema criado pelos empregadores quando romperam o tradicional contrato não escrito com seus funcionários. O clima de autonomia resultante tornou arriscados o treinamento e o desenvolvimento de carreiras. Ele explica como algumas empresas reagiram, pedindo, por exemplo, que os funcionários pagassem seu próprio treinamento, ou assumindo a responsabilidade pelo reembolso dos custos de treinamento caso deixem a empresa dentro de um determinado prazo.

OLESEN, Margaret, "What makes employees stay", Training & Development, outubro de 1999. Investir em treinamento pode ajudar os funcionários a progredir em seu desenvolvimento profissional — e dá à sua empresa uma importante vantagem competitiva na guerra por talentos. Este artigo examina o impacto do treinamento na retenção e inclui sugestões e três estudos de casos.

Sobre o organizador

PETER CAPPELLI é professor de Administração na Wharton School e diretor do Wharton's Center for Human Resources. Também é pesquisador associado do National Bureau of Economic Research em Cambridge, MA, e membro do comitê executivo do National Center on Post-Secondary Improvement para o U.S. Department of Education na Stanford University. É formado em Relações Industriais na Cornell University e em Economia do Trabalho em Oxford. Foi professor convidado da Brookings Institution e membro do corpo docente do MIT, da University of Illinois e da University of California em Berkeley, bem como na Wharton School. Participou da Comissão da Secretaria do Trabalho sobre a Qualidade da Força de Trabalho e Eficiência do Mercado de Trabalho de 1988 a 1990, e foi escolhido recentemente pelo *site* Vault.com uma das vinte e cinco pessoas mais importantes que trabalham na área de capital humano.

A pesquisa do professor Cappelli analisou as mudanças no trabalho e seus efeitos sobre os funcionários. Entre suas publicações estão *Change at work* (Oxford University Press, 1997), um estudo para a National Planning Association sobre a reestruturação da indústria nos Estados Unidos e seus efeitos sobre os funcionários, e *The new deal at work: managing the market-driven workforce* (Harvard Business School Press, 1999), que examina os desafios associados à diminuição da duração dos relacionamentos no emprego. Seu trabalho recente sobre gerenciamento da retenção e sobre novas maneiras de abordar o recrutamento foi publicado na *Harvard Business Review*.

Sobre o escritor

RICHARD LUECKE é autor de vários livros da série *Harvard Business Essentials.* Luecke escreveu que mora em Salem, Massachusetts, escreveu ou desenvolveu mais de trinta livros e dezenas de artigos sobre uma ampla gama de assuntos de negócios. Ele tem um MBA pela University of St. Thomas.

Índice

agências de empregos, 57
aprendizado a distância, 136-37
autônomos e retenção, 92
autônomos, 91
avaliação de candidatos
  erros comuns, 38
  matriz de tomada de decisões, 36, 39*f*
  verificação de referências, 40-42

baby boomers, 96-97

cadeia atendimento-lucro, 87-88
características pessoais
  definição para uma descrição de cargo, 18-20, 21
  interesses e retenção (*ver* interesses pessoais arraigados)
  testes pré-contratação, 73-76
cargos sob medida como instrumento de retenção, 123-24
cartas de apresentação e currículos, 24
como detectar deserções, 109, 110
composição demográfica da força de trabalho
  funcionárias, 97-99
  funcionários acima de 50 anos, 96-97
  retenção e, 89, 90*f*
  trabalhadores jovens, 94-95
contratação
  aperfeiçoamento de processos, 45-46
  cultura da empresa e, 69-70, 70*f*
  definição dos requisitos do cargo, 17-20, 21
  elaboração de descrições de cargos, 19-22
  entrevistas (*ver* entrevistando candidatos)
  erros comuns, 44-45
  interesses pessoais e (*ver* interesses pessoais arraigados)
  oferta de emprego, 43, 44
  recontratação de ex-funcionários, 173-75
  recrutamento de candidatos (*ver* recrutamento)
  resumo, 46-47, 76-77
  testes psicológicos (*ver* testes antes da contratação)
  tomada de decisões, 42-43
cultura da empresa
  contratando para o lugar certo, 69-70, 71*f*
  em mudança, 147-50
  equilíbrio trabalho-vida pessoal e, 165-66
  feedback dos funcionários a respeito da, 147
  pesquisa sobre cultura no trabalho, 71*f*
cultura do trabalho. *Ver* cultura da empresa
currículos
  perguntas em entrevistas e, 31
  seleção de, 23-26, 52-54, 55

definição dos requisitos do cargo, 17-20, 21

desenvolvimento de carreiras. *Ver também* treinamento
 mentores, 139-41
 níveis de carreiras, 137-39
determinação da adequação. *Ver* interesses pessoais arraigados

educação/experiência de um candidato, 17-18
elaboração das descrições de cargos, 19-22, 182-83
entrevista de permanência, 109
entrevista de seleção por telefone, 25-27
entrevista-caso, 60-61
entrevistando candidatos
 abertura, 27-29
 afirmações do currículo e, 30
 dicas, 37
 encerramento, 32, 34, 187
 entrevista-caso, 60-61
 entrevistas de saída, 175
 entrevistas estruturadas *versus* desestruturadas, 26-27
 estágios de, 25-26
 estilos, 33-34
 início, 29-32
 perguntas a serem feitas, 34-35, 184-86, 187
 perguntas ilegais (*ver* perguntas ilegais em entrevistas)
 preparação, 27, 28*f*
entrevistas pessoais, 25
equilíbrio trabalho-vida pessoal
 atitudes dos trabalhadores em relação ao, 91
 aumento das horas de trabalho, 156
 dicas para, 160-61
 esgotamento e, 166
 horários flexíveis de trabalho, 163-65
 mulheres e, 165-66
 princípios do, 156-58
 relação com o desempenho da empresa, 154-56
 resumo, 166-67
 trabalho a distância, 158-59, 160-63
esgotamento
 equilíbrio trabalho-vida pessoal e, 165-67
 estratégias para evitar, 151-53
 gerenciamento do, 153
 re-recrutamento de altos funcionários, 154
 sinais e causas, 150-51

feedback de 360 graus, 109
firmas de seleção de executivos, 57
funcionário C, 104, 141-43
funcionários em tempo parcial e retenção, 92-93

glossário, 195-96
guerra por talentos, 81

headhunters, 57
horários flexíveis, 163-65

importância do capital intelectual, 82-84
indicações para recrutamento, 22-23
Índice de Previsão, 73
instituições corporativas, 134
interesses de vida. *Ver* interesses pessoais arraigados
interesses pessoais arraigados
 benefícios de usar para contratar, 67-68
 determinação da produção criativa de um candidato, 69
 em aconselhamento e orientação, 66
 em análise quantitativa, 63-65
 em aplicação de tecnologias, 63
 em linguagem e idéias, 67

em teorias e conceitos, 65
no controle do empreendimento, 67
no gerenciamento de pessoas e relacionamentos, 66-67
produção criativa, 65-66
visão geral de interesses básicos e categorias, 62-63, 64*t*, 65*t*, 66*t*

Kelleher, Herb, 69, 105

laços sociais como instrumento de retenção, 124-25
lealdade e vínculos sociais como instrumento de retenção, 124

matriz de tomada de decisões para avaliar candidatos, 38, 39*f*
mentores, 139-40
micro e macroculturas numa empresa, 69-70
mulheres
Equilíbrio trabalho-vida pessoal e, 165-166
Porcentagem da força de trabalho, 156
Questões ligadas a sexo/retenção, 97-99

níveis de carreiras, 137-39

o problema das empresas que pegam carona, 132-33

perguntas ilegais em entrevistas
exemplos, 35, 36, 189-93
questões relativas a testes antes da contratação, 74-75
regulamentos de antidiscriminação, 56
programas para ex-funcionários, 172
Proposição de Valor do Funcionário (EVP), 101
proposta de emprego, 43, 44

qualificações técnicas e retenção, 91-92
questões legais em entrevistas. *Ver* perguntas ilegais para entrevistas

recrutadores profissionais, 57-59
recrutadores técnicos, 57
recrutamento
amostra de descrição de cargo, 182-83
canais disponíveis, 22-23
dicas, 22
entrevista-caso, 60-61
online (*ver* recrutamento *online*)
re-recrutamento de altos funcionários, 154
seleção de currículos, 23-25
utilizando recrutadores profissionais, 57-59
recrutamento *online*
abordagem em quatro etapas, 53-56
benefícios do uso, 50-52
dicas para uso da Internet, 51-53
mercado interno de mão-de-obra e, 126-27
regulamentos de antidiscriminação, 56
retenção e, 92
redistribuição para evitar esgotamento, 152-54
reformulação de cargos como instrumento de retenção, 122-23
remuneração como instrumento de retenção, 119-21
requisitos de experiência para um candidato, 17-18
retenção
analogia com segmentos de marketing, 114-17
cadeia atendimento-lucro e, 87-88
como detectar deserções, 109, 110-11
custos de rotatividade de pessoal, 86, 88-89

dados demográficos e, 89, 90*f*
desafios da diversidade, 92-99
entrevista de permanência, 109
entrevistas de saída, 175
estatísticas de satisfação de funcionários, 81-82
estratégias de, 107-10, 119-27
exemplos de empresas, 105-6
expectativas culturais e, 90-91
identificando funcionários de grande potencial/segmentos de funcionários de alto, 117-18
importância do capital intelectual, 83-84
índices de rotatividade, 83*f*
motivos para ficar, 99-101
motivos para sair, 101, 103
qualidade dos gerentes e supervisores e, 104
resumo, 111, 127-28
satisfação dos clientes e, 84-86
segmentos de funcionários, 116, 117, 118
tendências econômicas e culturais, 90-92
retenção de funcionários. *Ver* retenção
rotatividade de funcionários. *Ver* rotatividade de pessoal
rotatividade de pessoal
benefícios econômicos da redução, 106-7
calculadora para, 88
custos do, 86, 88-89
entrevistas de saída e, 175
impacto na empresa, 170-71
índices de, 83*f*
manutenção de relacionamentos, 172-73
recontratação de ex-funcionários, 173-75
resumo, 176

SAS Institute, 106, 120
satisfação dos clientes
cadeia atendimento-lucro e, 87-88
retenção e, 84-86
Sears Roebuck, 85
software para recrutamento *online*, 52-53
Southwest Airlines, 68, 105-6, 120

testes de capacidade cognitiva, 74
testes de interesses, 74
testes pré-contratação
dicas para utilizar, 73-75
questões legais, 74-75
razões para utilizar, 72
testes psicológicos. *Ver* testes pré-contratação
trabalhadores temporários e retenção, 93
trabalho a distância, 158-59, 160-63
treinamento no trabalho, 132-33, 134
treinamento *online*, 136-37
treinamento. *Ver* também desenvolvimento de carreiras
abordagens do, 132-35
benefícios para as empresas, 130
funcionários C, 104, 141-43
online, 136-37
problema das empresas que pegam carona, 131-132
resumo, 143-144
retorno do, 135-36
sugestões, 144

UPS, 116
Usenet, 52
uso da Internet para recrutamento. *Ver* recrutamento *online*
verificação de referências, 40-42

Este livro foi composto na tipologia Minion,
em corpo 11/16, e impresso em papel
offset 63 g/m² no Sistema Cameron da Divisão
Gráfica da Distribuidora Record.